みんなの気持ち

高齢者とその家族、介護職が
寄り添うために考えよう！

はじめに

大変だ！　入院だ！――。「ちょっとおなかが痛い」と病院に行った父からのメールが、全ての始まりでした。

その1週間前まで連日ゴルフに行き、「100歳まで絶対に生きそう」と確信するほど元気だったのに、医師から告げられたのは「3カ月」という命の時間です。この大きな〝変化〟をきっかけに、次々と予期せぬ変化が起こりました。「いつも通りのパパだ」と安どする日と、「どうしたらいいんだろう」と途方に暮れる日が入り乱れ、出口の見えない孤独な回廊に足がすくみました。「追い込まれるから必死にやるんでしょうに」と、以前、私が介護問題について書いたコラムに寄せられたこのコメントの真意が、やっと分かりました。誰もが老いるし、誰もが親やパートナーを介護し、介護される立場になるのに、しょせん人ごと。言い訳できない状況に直面して初めて、胸に染みるようなわびしさを感じるとともに、漠然とした不安が心に広がるのです。

そんなとき、支えになるのが「介護現場」に携わる人たちの有形無形のサポートです。

私が介護問題に関わるようになったのは、大学院で先輩の調査研究をお手伝いしたのがきっかけでした。私は主に企業社会の変動が、労働者の「働き方・生き方」に及ぼす影響について研究していたのですが、介護の現場で働く人の心身状態が介護を受ける人に影響を与えると知り、興味が湧きました。それからは私がフィールドワークとして行っていたビジネスパーソンのインタビューを介護職の人たちにも積極的に行ったり、介護現場を取材させてもらったりして、介護問題についてメディアで発信するようになりました。これまで１０００人以上の介護職も含めた人たちにインタビューをしてきましたが、現場の声に耳を傾ければ傾けるほど、アンケート調査では捉えられない「個人的な悲鳴や葛藤」の深刻さを痛感しました。しかし、その悲鳴や葛藤も、心の距離感の近い他者の力があれば何とかなります。

私の専門である健康社会学は、人と環境の関わり方に注目し、人の幸福感や生きる力を研究する学問です。心理学は「個人」が強くなることを目的にしますが、健康社会学は「個人を強くする環境」の実現を目的にします。どんなに強くなれと言われても強くなれない、どんなに「自分を信じることが大事」と言われたところで、信じることなどできない。そんな人でも、一歩前に踏み出してみよう！　と思える環境＝自分を取り巻く「半径３メートル世界」をゴールにするのが健康社会学なのです。

職場であれば、半径3メートル世界はチームメンバーとの質のいい関係であり、家庭であれば温かい家族関係、趣味やサークルであれば緩くて気の置けない関係です。

介護の現場では、半径3メートル世界に利用者さんが加わります。利用者さんの人生最終章を灯《とも》す存在になるのが介護職員さんです。そのためには介護職員さん自身が、生き生きと働いていないとダメ。仕事ですから、つらいこともあるし、会社を休みたいと思うこともあるかもしれません。しかし、そもそも人は何のために働くのでしょうか。

私は「幸せになるため」と断言します。

働くことで得られるのは収入だけではありません。日常的な身体および精神的活動、他人との規則的な接触、家族以外のコミュニティーへの参加、自由裁量および能力発揮の機会、他人から敬意を示される機会などの潜在的要因と呼ばれるものがあり、これらは人の心を元気にし、全ての人に宿る「幸せへの力」を引き出します。そして、介護の現場ではあなたの「幸せな気持ち」を利用者さんに届けることもできます。

働くことで手に入る幸せな気持ちが、どんなものなのか知りたいという方は、どうかページを開いてみてください。

CONTENTS

はじめに……003

第1章 「利用者への気持ち」について考えよう！

会話は言葉のキャッチボール。利用者とどうやってうまくやりとりする？……012
病院やデイサービスに行くのを嫌がる利用者へのうまい声掛けとは？……017
利用者から受けるハラスメント。介護職と利用者が上手に向き合うには？……022
イベントで利用者さんに心から楽しんでもらうにはどうすればいいでしょうか？……027
がん治療中の利用者さんが苦しそうなとき、「痛みますよね」しか言えないのがつらい……032
〝みんなの気持ち〟を大切にするには、どのように接すればいいのでしょうか？……037
ココロのストレス度注意報チェックリスト……042

第2章 「利用者家族への気持ち」について考えよう！

「前はできたじゃない！」と怒る家族。老いを受け入れない家族に伝える言葉は……044

離れて暮らす家族からの電話でサービスが中断、どうしたらいい？……049
同僚とのネガティブな空気を、利用者や家族に悟られないようにするには？……054
訪問介護中にじっと見張っているご家族。気になって介護がやりづらい………059
豪雨や地震などの災害から、どうやって利用者さんを守ればいいのか？……064
亡くなられた利用者さんのご家族に、お悔やみのあいさつをしたいけど………069

特別会談その1
職員が働きやすくイキイキと活躍する環境づくりの秘訣とは……074
株式会社ニチイ学館 事業統括本部 人財開発事業本部 エグゼクティブマネージャー 松本裕美子氏
事業統括本部 近畿支社 エグゼクティブマネージャー 支社長補佐 宮井由枝氏

第3章 「同僚への気持ち」について考えよう！

新人介護職員とどのように関わる？ うまくコミュニケーションを取るには？……082
新人介護職員や若いスタッフのやる気を上手に引き出すにはどうしたらいい？……087
梅雨になるとイライラして機嫌が悪い…。こんな人にはどう対処する？……092
同僚の陰口ばかり言う先輩に困惑…。うまく巻き込まれないようにするには？……097
ワーキングマザーに対する同僚の不満。どうコミュニケーションを取ればいい？……102
転勤、退職される先輩や仲間へ、感謝やねぎらいの気持ちをどう伝える？……107

特別会談 その2
介護現場の人手不足の解消にはＩＣＴ／ＤＸ化推進が不可欠　112
東洋大学 福祉社会デザイン学部 社会福祉学科 教授　高野龍昭氏

第4章 「自分自身への気持ち」について考えよう！

非常に厳しい暑さである昨今の夏。どうやって熱中症の対策をする？　120
冬の早番と遅番の不規則なシフト勤務、どうやって体調を整えればいい？　125
コロナとインフルエンザが流行する季節。自己免疫力をアップさせる策は？　130
最近、物忘れやミスが多くなってきて、利用者のことを思うと不安を感じてしまう…　135
介護は体力が必要な仕事だからツラいので、もっと他にいい仕事はないかと思ってしまう　140
責任ある仕事を任されそうなので、辞めようかどうするか悩んでいます…　145
カラダのストレス度注意報チェックリスト　150

第5章 「スキルアップに対する気持ち」について考えよう!

入社して1カ月が過ぎ、研修と現場のギャップに戸惑っています…… 152
自分自身を振り返る査定の自己評価は、高く書くべきか、謙遜するべきか…… 157
他人からの評価と自己評価にギャップがある。どう解消すればよい? 162
サービスが時間内に終わらない。掃除や洗濯が重なると…もう無理! 167
国家試験が近く、仕事をしながら勉強する時間をどうつくればいい? 172
子供の頃から苦手な試験に対し、緊張せず平常心で臨む方法を教えてください 177

特別会談 その3
公益社団法人として現場の負担を減らす国への働きかけを 182
公益社団法人 全国老人福祉施設協議会 会長 大山知子氏

おわりに 190

本書は、公益社団法人全国老人福祉施設協議会広報誌「月刊老施協」で2022年4月号から2024年3月号まで連載した「みんなの気持ち」を加筆・修正し、編集したものです。

CONTENTS

第1章

「利用者への気持ち」について考えよう！

介護職にとって、仕事中で一番密に接する大切な存在なのが、利用者さんです。利用者さんへの心遣いが完璧にできれば、この仕事はもうマスターしたようなもの。この章では、そんな「利用者への気持ち」について、考えてみましょう。

会話は言葉のキャッチボール。利用者とどうやってうまくやりとりする？

お年寄りは魔球の名手、多種多様な球を投げてくる！

介護職員さんなどのヒューマンサービスの現場では、コミュニケーションのうまさが大きな〝武器〟になります。しかしながら、コミュニケーションほど難しく、不条理なものはありません。恐らくこの世に「私、コミュ力高いんです！」と豪語できる人は、かなりの少数派でしょう。なぜって？　言葉の意味を決めるのは「相手」だからです。

「会話は言葉のキャッチボール」といわれるように、投げる方はあれこれ悩んで〝ボール〟を投げても、相手がちゃんとキャッチしてくれないと伝わりません。「え？　そんなつもりで言ったんじゃないのに」という経験は誰もがあるでしょうし、「何で分かってくれないの?」「この間も言ったでしょ?」と伝わらない相手にイラついたり、「言った言わない問題に巻き込まれて困った」という人もいるかもしれません。特に、年を重ねた利用者さんとのキャッチボールはかなり難度が高まります。

「83歳のおばあさん、突然不機嫌になっちゃうんです。お薬をごくごく飲んだ直後に、『毒を飲まされてる!』って怒りだしたり、うめぼし体操(高齢者向け体操)をノリノリでやった直後に、『○○は私をだましてる』と不信感をあらわにしたり。とにかく共感しなきゃと努力するんですけど、うまくいきません。いったん不機嫌になると、その後もネガティブ発言が止まらなくなってしまうんです。いつもはとても優しい人なのに、私のコミュ力が低いのでしょうか。対応に困ったときに使える言葉とかあったら教えてください」

利用者さんとのコミュニケーションに悩むのは、ベテラン介護職の廣瀬さん(仮名)です。10年近くお年寄りと毎日接し続けた廣瀬さんでさえ、ちゃんと投げたつもりがうまくキャッチしてもらえずワイルドピッチになってしまうのですから、コミュニケーションの難しさがお分かりいただけると思います。一方、キャッチする方=利用者さんの立場からすれば、体が衰えるように、耳も目も感覚も衰えるのですから無理もありません。どんなに元気な人でも、どんなに体を鍛えている人でもあらがえない自然の摂理です。「ならばこっちがちゃんとキャッチするぞ！」と意気込んだところで、サラリと何食わぬ顔で〝魔球〟を投げる技を持っているのが、高齢者です。

年を取れば「あれそれこれボール」を投げるようになりますし、「ん？　何言おうとしてたんだっけ？」と記憶飛びボールが、飛んでくることだってある。時空を超える跳躍力や、創造性あふれる話を作る力を手に入れた利用者さんもいますから、お年寄りのボールはまさに魔球です。恐らく83歳のおばあさんも、多種多様の魔球を投げる、よほどの名手に違いありません。

また、本当は伝えたいことがあるのに、その気持ちを乗せる言葉を見つけられないこともあります。利用者さんの一見ネガティブ発言に思える言葉は、体や心に何らかのストレスがかかっていることを「分かってよ～」というメッセージだったりもします。「毒を飲まされてる！」と怒鳴るのは、「飲みづらさ」を訴えているのかもしれないですし、喉に痛みがあるのかもしれません。不機嫌になっているわけではなく、ただただ〝何か〟を訴えたいのに、それがうまく伝えられず困っている可能性は高いと思います。

そこでまずは、「私はちゃんと聞いてますよ」と安心させてください。

目線を利用者さんの目の高さに合わせます。かがむのは少々疲れるかもしれませんが、ほんの少しだけ我慢してください。そして、なるべく穏やかな笑顔で、ゆっくりと耳元であまり大声にならないように話し掛けてください。利用者さんから魔球を投げられたときは、「ごめんなさいね」と取りあえず謝ってみたり、「いつも本当にありがとうございます」と感謝してみたり。「まぁ、そうなんですか！　すごいですね！」「あら、まぁ、それは大変！」といった具合に、ちょっとだけ大げさにリアクションをするのも相手は喜びます。魔球を投げているときの利用者さんの〝セリフ〟にあまりだまされないように、とにかく、「大丈夫ですよ」と安心させてください。

手を優しく握る、足をさする、といったスキンシップも、心の安寧につながります。とかく年を取ると、不安や孤独感を抱きがちです。言葉より「心」を投げるつもりで、球種はストレートでチャレンジしてください。だって、相手は人生の大先輩です。「相手の心」をキャッチする力は「私」たちより断然上なので、恐るることなかれ！です。

言葉より「心」を投げるつもりで
球種はストレートで投げよう！

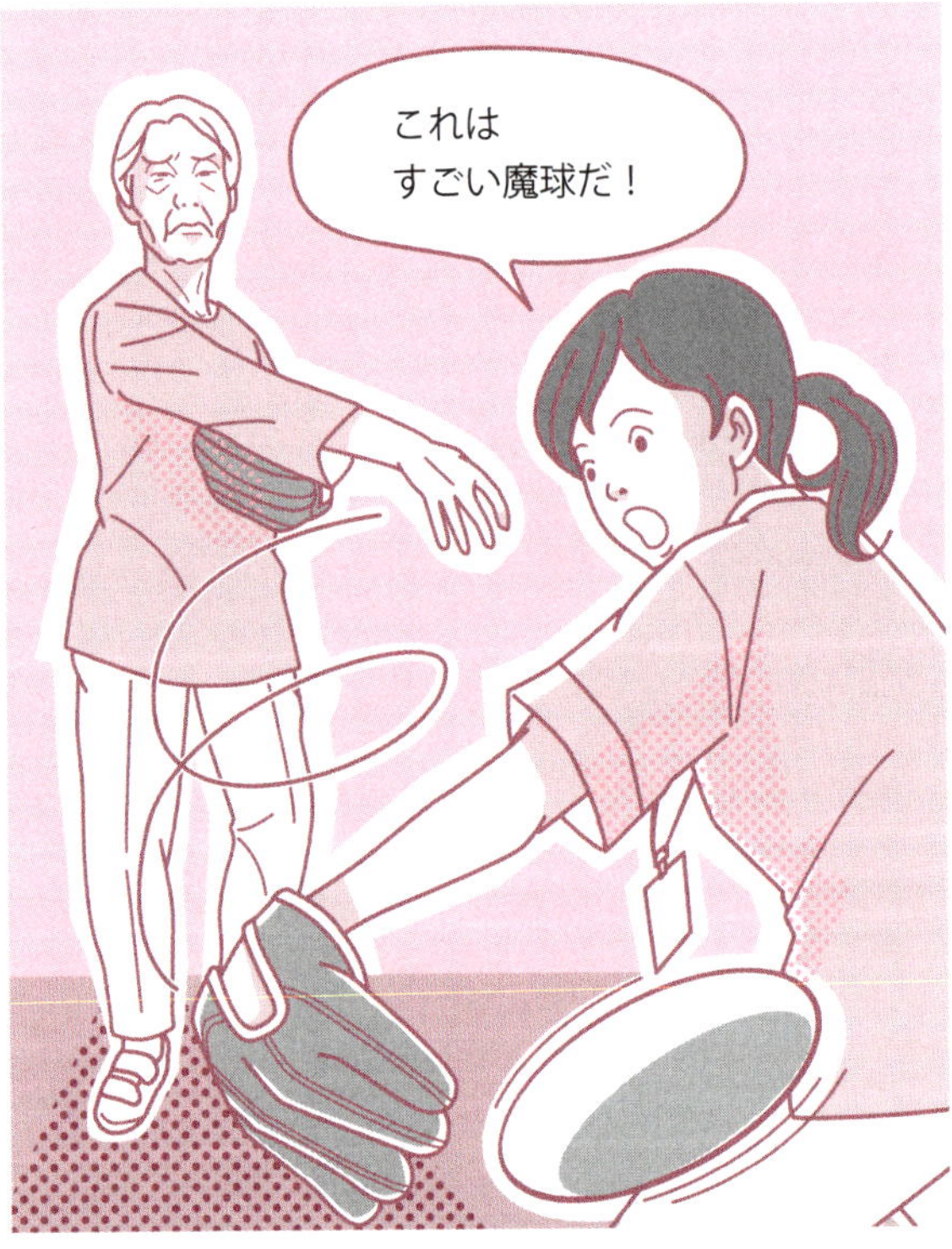

病院やデイサービスに行くのを嫌がる利用者へのうまい声掛けとは？

人には知られたくない理由がある。〝人生の大先輩〟の心情は複雑

〝人生の大先輩〟であるが故に、強く言いたくても言えないときがあります。それは「拒否」。訪問医ではできない治療や検査のために病院に行かなきゃならないのに、頑として言うことを聞いてくれないのです。

「利用者さんの中には、定期的な通院が必要な人もいますし、デイサービスへの送り出しと出迎えをする場合もあります。問題なく車に乗ってくれる人もいるのですが、嫌がる人への対応が難しくて困っています。先輩の介護職に相談したら、利用者さん

の気持ちを尊重するしかないと言われたのですが、ご家族も困っているので、何とかしたいのです。上手な声掛けの方法を教えてください」

こう嘆くのは訪問介護職の砂川さん(仮名・30代)です。〝拒否スイッチ〟がオンになると嫌な汗が出てきますよね。いつもは穏やかな方が、大声を上げて拒否するケースもありますし、利用者さんを落ち着かせようとすればするほど、エスカレートして怒りだしてしまって周りの目も気になってしまうかもしれません。

ただ一つだけ気を付けてほしいのが「拒否する＝認知症」といった決め付けです。

年を重ねると感情をコントロールする機能も衰えますし、人には知られたくない「行きたくないワケ」がある場合もしばしば。例えば、担当医の先生と合わなかったり、デイサービスで他の利用者さんとけんかしていたり。本当は誰かに行きたくない理由を相談したくても、子供じみている気がして言えないのです。

また、年を取ると不安感も高まります。「病院に連れて行かれて入院させられるのではないか」「このまま自宅で生活したいのに老人ホームに連れて行かれるのではないか」「自分が迷惑ばかり掛けるから、どこかに入れられてしまうのではないか」などなど、「え？　そんなことあるわけないでしょ〜」と笑い話になるような心配をしている場合も少なくありません。〝人生の大先輩〟の心情は複雑なのです。

とはいえ、そんなあれやこれやでこわばった心も、ちょっとしたきっかけでやわらぐことがあります。毎回、うまくいくとは限りませんが、いくつかの「コロッと気分が変わる必殺技」を紹介しますので、そのときの状況によって試してみてください。

必殺技その1 いったん退散の巻

かたくなになった心は、本人の意思とは関係なく暴走する場合があります。そこで「いったん退散する」です。「感情」は他者がいてこそ沸き立つもの。行きたがらない利用者さんも、その場に自分の意思を示す相手がいなければ、おのずと感情は消えます。そっとドアの隙間から落ち着きを取り戻しているのを確認してから、移動を促しましょう。

ポイントは「何もなかったように振る舞う」です。「気持ちは落ち着いたかしら？」とか「大丈夫ですか？」とか、数分前の嫌な感情をわざわざ思い出させるのはＮＧ。いつも通り、ごく自然に「〇〇のお時間ですよ」と誘導してください。

必殺技その2 とってもステキ！の巻

出掛ける前に「今日はキレイキレイにおしゃれしてお出掛けしましょう！」と、おしゃれを促してください。ちょっとだけ派手なスカーフをまとったり、お帽子をかぶったり。ブローチを着けたり、ハンドバッグを持たせたり、と利用者さんがステキに見えるように身なりを整えるお手伝いをしてください。

「まぁ、ステキです！　とってもステキですよ」とアゲワードも必ず添えてください。

必殺技その3 みんなでお出掛けDAY！の巻

家族や友人とのお出掛けは、いくつになっても楽しいものです。「今日はお嬢さんが一緒ですよ」「今日は○○さんもご一緒したいそうですよ」と、利用者さんが「独りぼっちじゃないから大丈夫」と安心できるお出掛けDAYを演出してください。

当日、お出掛けに成功したら、その後は同じように必殺技を駆使し、ポジティブな印象に心が置き換われればもう大丈夫です。嫌だったお出掛けが、好きになる人もいます。病院のときは診察終わりに、院内のコンビニで飲み物やお菓子などを買って一緒に食べると、さらにお出掛けが楽しくなることでしょう。また、車椅子を利用している人でも、少しでも歩けるようにサポートすると、出掛けることに自信を持てます。

一方で、一回は成功してもその後うまくいかない場合は、デイサービス先のスタッフと「何か問題がないか？　行きたがらない理由に思い当たることはないか？」などの情報を共有し、その後のやり方を共に考えてください。病院の場合もドクターに相談してください。

そして、何よりもあなた自身が「お出掛け＝大変」ではなく、「お出掛け＝楽しい」という認識で、朗らかに声を掛けるようにしてください。感情は伝染しますのでくれぐれも「拒否されたら…」などと心配しないように！

外に出ることを楽しいお出掛けに演出
ポジティブな印象に心が置き換われば大丈夫

利用者から受けるハラスメント。介護職と利用者が上手に向き合うには？

介護現場で起こる理不尽は「スキル」の問題ではない

「介護職の利用者さんへの虐待は大問題になります。でも、介護職が暴力を受けても、なかなか注目されることはありません。自業自得って言われるんです」

30代の男性介護職がこう話してくれたことがありました。今から5年ほど前です。当時は、介護職や看護師などの仕事に就く人が、「利用者や患者が不利になるような発言」をすることがタブー視されていました。

私自身、大学院生だった頃、同じ研究室の後輩が「看護師が患者から受けるセクハラ問題」の調査を始めたとき、他の研究室の先生から疑問視され、研究室内でやるか、やらないかの議論をした経験があります。最後は研究室主幹の先生の「問題提起は必要」との判断で調査は進められました。ただ、論文に仕上げる際には、〝セクハラ〟という表現を使わず、論文の内容の一言一句まで「患者さんを傷つけないように、世間からバッシングを受けないように」と議論を重ね、あくまでも看護師側の対応策を探る調査としてまとめられたのです。

冒頭の男性も「声」にしたくても許されない「悲鳴」を、ずっと心の中で上げ続けていました。「暴言や暴力は利用者の不安な気持ちの表れ。もっとスキルを磨かないとダメ」「利用者さんがたった一回でも『ありがとう』って言ってくれると、しんどいことも忘れられる素晴らしい仕事」……、新人のときに先輩に言われた言葉を胸に、必死に耐えた。実際、利用者さんから感謝され、心がスッと軽くなることがあったため、「利用者の暴力＝自分の問題」と考え、必死でスキルを磨いてきたそうです。

しかし、働く人は「労働力」を提供してるのであって、人格を提供してるわけではありません。時代は変わりメディアでも「介護職へのハラスメント問題」が取り上げられるようになりましたし、国も介護サービス事業者に対し、ハラスメント対策として必要な措置を講ずることを義務づけました。むろん長年社会に根付いてきた無意識の価値観は、そうそう簡単に消えるものではないので、いまだに介護職員さんのスキルの問題と考える人は少ないというリアルはあります。

でも、もう自分を責めないでください。嫌なことは嫌！と声にして大丈夫です。施設長さん、先輩、同僚たちも、ハラスメントに悩む〝仲間〟の声に耳を傾け、「一緒に対策を考えよう！」と個人の問題ではなく、職場の問題にしてください。

その際、一次予防と二次予防に分けて、対策を考えましょう。

一次予防とは、ハラスメントを発生させない予防策です。高齢になると感情をうまくコントロールできずに暴力的になることがあります。また、認知症の周辺症状として「暴力や暴言」が出ることもあります。どちらのケースも、利用者さんを「不安にさせない」「寂しくさせない」「まめに声掛けをする」の3つのケアが予防につながるので、「いつ、どこで、何を、誰がするのか？」を職場のみんなで考え、実践してください。

ただし、後者の場合は、医師に相談することも忘れずに。今は症状によってさまざまなお薬が出ていますので、利用者さんの言動を細かく医師に報告・相談してください。

二次予防とは、ハラスメントが起きたときの対応策です。利用者さんが暴力を振るったり、暴言を言いだしたときどうするのか。コールボタンを押す、携帯電話を鳴らすなどして、介護職だけではなく、看護師やケアマネージャーさん、理学療法士さん、事務スタッフなど、施設にいる〝誰か〟が駆け付けられるようにしてください。老いた脳は、いったんスイッチが入るとオフにするのが難しいため、繰り返し暴言や暴力の指令を出し、エスカレートする場合があります。

介護職はそんな〝お年寄りの事情〟も分かるだけに、SOSを出せず一人で抱え込みがちですが、「いい介護」はお年寄りに寄り添うだけでできるものではありません。どんなに介護のプロでも「人」です。あなたが暴力や暴言に直面し、対応し切れないと感じたときは必ず助けを乞うてくださいね。

また夜勤は少人数でのケアを余儀なくされるので、SOSをためらいがちです。朝の申し送りの際、リーダー的立場の人は利用者の状態だけではなく、スタッフの心の状態のチェックも忘れずにしてください。真面目な人ほど隠そうとするので、周りから声を掛け、「感情」をチームで共有していただきたいです。

そして、もし、SOSを出す余裕がない、あるいは「もう無理」と感じたら逃げてください。さっさとその場から逃げてほしいです。

介護職たちにインタビュー調査を行った際、「私は優しさが取りえだから介護に向いていると思ったのに、何度言っても言うことを聞かないおばあさんに手を上げそうになった」と泣きじゃくる新人介護職がいました。

生身の人と接する介護現場では、優しさは最も簡単に崩れ落ちます。最後まで求められるのは、とっさにおじいちゃん、おばあちゃんを突き飛ばしたり、たたいたりしてしまう前に「逃げる」勇気です。最悪の事態にならないために…。

最後まで求められるのは「逃げる」勇気 最悪の事態にならないために…

イベントで利用者さんに心から楽しんでもらうにはどうすればいいでしょうか？

昔は施設が大家族のようにイベントを楽しんでいた

「昔はね、利用者さんのご家族も参加してもらってクリスマス会をやったり、みんなで旅行に行くこともあったのよ。施設全体が大家族という感じでした。でも今は難しくなってしまった。いろいろと制限されてしまうからね」

とある介護施設の施設長さんが、こう嘆いていたことがありました。

「いろいろ」という一言には家族関係の変化もあるでしょうし、利用者さんの状態もあることでしょう。寿命が延び、医療技術も発展し、肉体的にも精神的にも多種多様な状態の高齢者が共に生活するようになりました。サクサク歩ける人、車椅子の人、

100歳近くなってもしっかりしている人、一人きりが苦手な人、家族が頻繁に来る人、疎遠な人などいろいろありすぎて、「みんなで楽しむイベント」の〝みんな〟をひとくくりにして考えるのが、とてもとても難しいのです。

恐らくそんな事情もあるのでしょう。今回のお悩みは施設のイベント担当になった梓さん(仮名)です。

「今までは、クリスマスに学芸会みたいなことをやってきたみたいなんです。でも、私、人前で何かをするのが苦手なんです。それに利用者さんの中には、ずっと座っていられない人もいます。一応スタッフ5人でやる予定なんですけど、利用者さんに心から楽しんでもらうにはどうすればいいでしょうか？　アドバイスをお願いします」

梓さんの施設同様、スタッフが〝何か〟をするのは最近のトレンドです。派手な手作り衣装で「マツケンサンバ」を歌ったり、マジックや漫才をしたり。利用者に楽しんでもらいたい気持ちは分かりますが、イベントの主役はあくまでも利用者さんです。孤立しがちな高齢者が「他者とつながり」「社会の一員」と感じられる出し物にこそ意味があります。特に季節のイベントは、利用者さんを刺激するのが目的です。夏祭りや花火大会、運動会やひな祭り、餅つきやクリスマス会など、「もうそんな季節になったのね？」と時の流れを感じ、「私たちが子供のときはね」と昔話に花が咲き、それぞれの〝カタチ〟で脳と心が刺激されます。とかく単調になりがちな老人ホームでの生活に季節感や生きがいを感じてもらえれば大成功です。

そこで梓さん、

・誰もが参加したくなる
・誰もが動きたくなる
・誰もが声を出したくなる

これらの条件を満たす「共に感じる」イベントを計画してみましょう。

例えば、音楽は聴いたり歌うことで、脳が活性化し、心がポジティブになることは科学的にも分かっています。日常生活の動作が低下し、言葉のコミュニケーションが難しい高齢者でも、音楽にはよく反応することがしばしば見られます。特に、思わず体が動くテンポのある音楽なら、みんなで一緒に楽しめます。

誰もが参加したくなるためには、スタッフが一方的に出し物をするのではなく、利用者さんを巻き込んで一緒に歌い、一緒に踊りましょう。高齢者のレクリエーションでは、童謡や懐かしのメロディーが定番ですが、イベントでは季節を感じさせるものを選んでください。クリスマス会なら、「きよしこの夜」「赤鼻のトナカイ」「ジングルベル」「サンタが町にやってくる」などは時代に関係ない季節の歌ですし、利用者さんが子供の頃には歌謡曲としてはやったので、誰もが楽しめます。

ピアノやタンバリンなどの楽器も準備しておけば、普段は引っ込み思案の「元ピアニストのおばあさん」が演奏するかもしれないし、タンバリンなら誰もがたたけるので一緒に盛り上がれます。歩ける人ならスタッフが手を取って簡単なダンスをしてもいいし、その場で立ち上がって腰を動かすだけでもいい。マイクを回して歌っても良し。施設で働く全てのスタッフが、全ての利用者さんに目配りをして、一人も取り残さないようにしてください。ひょっとすると中には大きな音に恐怖を感じる利用者さんもいるかもしれません。その場合は、少しだけ離れたところに一緒に移動して、イベントの空気だけでも楽しんでもらいましょう。

スキンシップは人の心を穏やかにする効果もあるので、スタッフもおじいちゃんおばあちゃんの手を取って、リズムに乗ってください。恥ずかしがるのは禁物です。全ては利用者さんを元気づけるため。そんな時間をみんなで共有できれば〝大家族〟になれるかもしれません！

誰もが参加し、動き、声を出したくなる「共に感じる」イベントを！

がん治療中の利用者さんが苦しそうなとき、「痛みますよね」しか言えないのがつらい

利用者は、自分のことを考えてくれる気持ちが一番うれしい

「自宅で死にたい」「ピンピンコロリで死にたい」という願いは、多くの人が持っているでしょう。しかしながら、死の入り口らしき扉は、あちら側の都合で勝手に開いたり、頑丈に施錠されたりで、こちら側の希望はめったにかないません。それでいて半開き状態で、希望を持たせたり、容赦なく痛みを与えたりするのですから、人生の最終章を迎えた人との向き合い方ほど難しいものはありません。

「うちの施設では、最期のその日を迎えるまで、日常のケアを行います。これまで何人もみとってきました。その都度、利用者さんが穏やかに過ごせるように、私なり

に頑張ってきたつもりです。でも、いつも後悔するんです。もっとできることがあったんじゃないかって。今もがんのステージがかなり進行した利用者さんがいるのですね。痛みのコントロールがうまくいかないみたいで、ものすごく苦しそうなんです。背中をさすったり、足をさすったりしているのですが、『痛みますよね』しか言えないのがつらいんです。何か他の声掛けを教えていただけますか」藤浪さん（仮名）介護職歴7年。

介護は他者の人生の最終章を彩る尊い仕事です。その分、気苦労も多いですが、藤浪さんのように、利用者さんのことを考えてくれる気持ちほど、利用者さんにとってうれしいものはありません。ですから「痛みますよね」という言葉だけでも十分ですが、痛みを少しだけ楽にできる方法をいくつか紹介します。キーワードは「リラックス」です。

・温めリラックス

背中や足をさするときに「温めましょうね」と優しく声を掛け、カイロや蒸しタオルなどを当ててください。座っている場合には、膝に毛布などを掛けると温かくなります。体を温めることで副交感神経が優位になり、全身がリラックスします。

・**深呼吸リラックス**

苦しそうなときは「ゆっくり深呼吸しましょう」と声を掛けて、「吸って〜吐いて〜吸って〜吐いて〜」と声を出しながら、利用者さんと一緒に深呼吸をしてください。深呼吸でたくさん酸素を取り込むと、〝幸せホルモン〟と呼ばれるセロトニンが分泌されるとの研究報告があります。手を優しく握りながら、深呼吸をするとより多くの幸せホルモンが分泌されることでしょう。

・**音楽でリラックス**

成人のがん患者さんを対象に音楽療法を取り入れた実験で、不安や抑うつ、疼痛《とうつう》や倦怠《けんたい》感が軽減され、心拍数や血圧も低下する可能性があることが分かっています。

この実験は訓練を受けた音楽療法士によって行われたものですが、一般的にはクラシック音楽だと気分が和らぐとされています。特にモーツァルトは効果的です。

音楽療法の効果は表情に表れますので、いくつか音源を準備して、利用者さんの表情の変化を確認してください。その際、音量の調節もしてくださいね。高齢になると小さい音は聞こえにくくなり、大きい音は若い人以上にうるさく感じてしまうので要注意です。また、がんになると体力が低下していくため、言葉を発するのがおっくうになったり、声を掛けても反応できないことも増えます。心の中では、藤浪さんのように優しく思いやってくれることに感謝していても、それを声にすること自体、しんどくなってしまうのです。一方で、不愉快なことに対しては敏感に反応します。

利用者さんのそういった小さな変化などは、ぜひ、ご家族と共有してください。ご家族が面会に来られない場合でも、電話などでお伝えすると家族も安心すると思います。そして、家族の藤浪さんへの感謝の気持ちが、利用者さんにも伝わり、温かい、優しい空気が利用者さんの周りに育まれれば、人間の内部に宿る「幸せへの力」が引き出されることでしょう。

最近はみとりをする施設が増えてきました。がん患者は多く、日本人男性の2人に1人、女性の3人に1人といわれています。がんの種類によって生存率は異なりますが、効果の高い治療法も増えました。例えば、従来の薬による治療を受けていた患者の割合は、調査対象者全体の14％だったのに対し、新しい薬を使った治療を受けていた患者は56％に上るとの調査結果もあり、多くの方が効果の高い新しい治療法を選択しています。また、痛みのコントロールの選択肢が増えていますが、効く効かないは個人差がありますし、その他の要因が影響することもあります。

利用者さんのかかりつけの医師や、訪問医に、つらそうなときの対応なども確認しておくと安心です。専門家に任せるところは任せて、介護職員さんはリラックス戦略で、笑顔を決して忘れずに利用者さんとの時間を大切にしてください。

利用者さんを
リラックスさせることによって
痛みを少しでも
楽にしてあげましょう

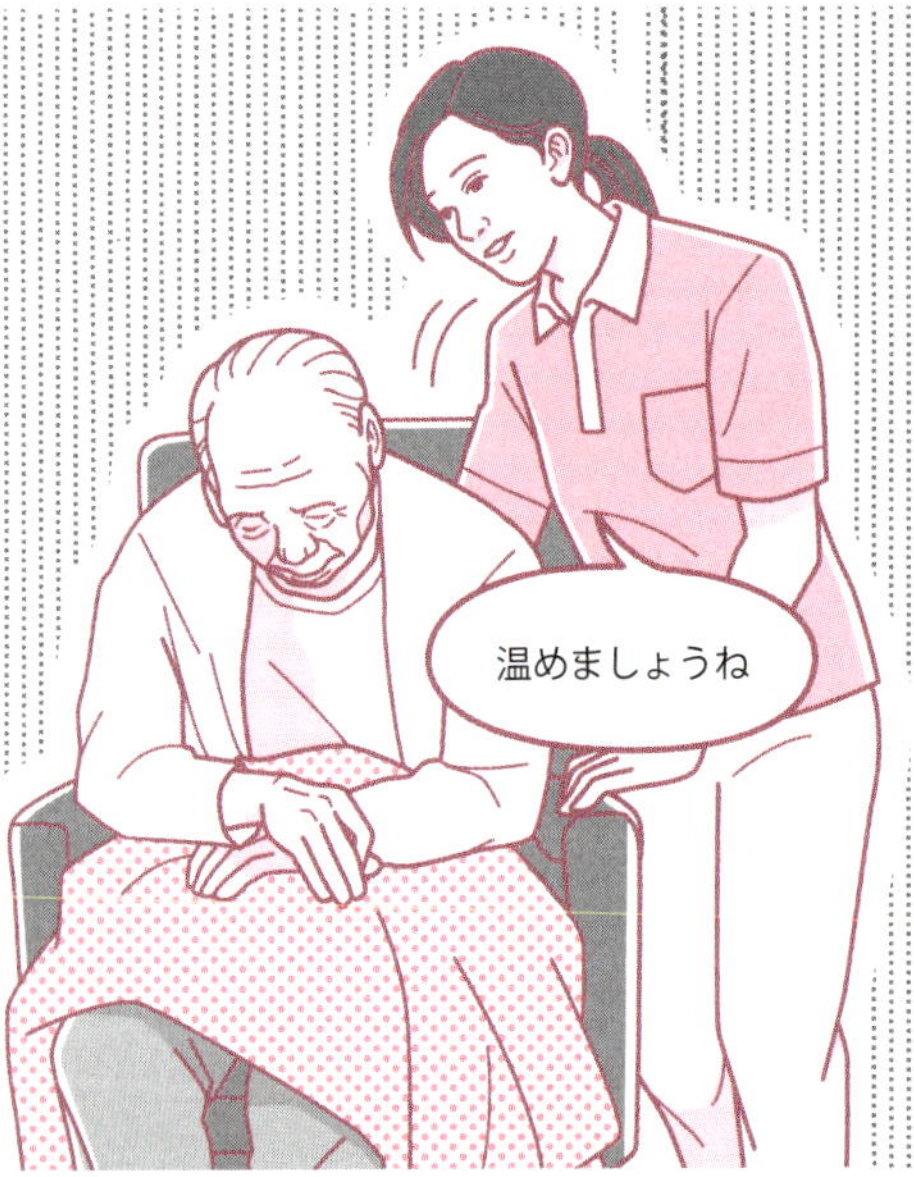

“みんなの気持ち”を大切にするには、どのように接すればいいのでしょうか？

あちらの気持ちを立てればこちらの気持ちが立たぬ

あちらを立てればこちらが立たぬ、双方立てれば身が立たぬ、と古くからいわれる通り、対立する両者を丸く収めるのは至難の業です。自分と他者だけの二者関係の問題なら「ここは相手に譲ろう」と一歩下がれば済む問題も、○○さんと△△さんとの三者関係だと板挟みになる。もめないようにすればするほど複雑になり、ストレスはたまる一方です。

「年齢的にも経験的にも、チームのまとめ役を担う場面が増えてきました。しかし、これが難しいのです。上司の指示に従うと、ベテランスタッフの指示と反することがよくあります。利用者さんの場合も、あちらの利用者さんの言い分を聞くと、こちらの利用者さんの言い分を否定することになったり。私はみんなの気持ちを大切にしたいし、尊重したいのですが、結局誰かを傷つけることになってるような気がしてなりません。みんながいい気分で過ごすには、どうしたらいいのでしょうか」春田さん（仮名）入社6年目。

春田さんの眉間にしわが寄った顔が、目に浮かぶようなお悩みです。最近は「われ、関せず」とばかりに、見て見ぬふりをする人が多いのに。春田さんの責任感の強さ、優しさには心から拍手を送ります。

ただし、人間関係は時に気負えば気負うほどうまくいきません。そもそも私たちは、自分が期待するほど他者とは分かり合えません。「話せばきっと分かってもらえる」と考えて相手と向き合うのではなく、「分かり合うのは無理。分かり合うことはできないでしょ？」と深く諦めた上で、折り合いをつけるしかありません。

人間には「確証バイアス」と呼ばれる心の動きがあり「これだ！」といったん確信を持ってしまうと、それを支持する情報だけを受け入れ、確信に反する情報を探すことも、受け入れることもできなくなります。例えば「私はあの人に嫌われている」と感じてしまうと、確証バイアスによって会議中にその人と目が合わなかっただけで「やっぱり嫌われている」と確信してしまうのです。また、「心」は私の中にあるものですが、「外」の影響を受けているので、どのような環境で、どのような経験をしたかによって、物事の見方も感じ方も変わってしまいます。

特に、社会に長年存在した価値観は、自覚なき価値観として「心」に刷り込まれます。何げない一言や、何げない行動には、自分が自覚していない価値観が反映されがちなので、「分かり合う」のがますます難しくなっていくのです。

しかし一方で、私たちは他者に「共感」することができます。

少々大きな話になりますが、人類は他者と協働することで生き残ってきました。それを可能にしたのが、同じ空間でその場の空気を共有することで育まれた「共感」という感情です。フェースtoフェースで向き合うことで、ちょっとしたしぐさや身ぶり手ぶりなどの何百もの情報を受け取って、人と人は心を通じ合わせてきました。だから、私たちは誰かに共感してほしい。いくつになっても、どんな立場であっても、「人」は誰かにアテンションしてもらいたい、私の気持ちを分かってもらいたいのです。その欲求が満たされれば「折り合いをつけるスイッチ」がオンになり自分で解決できます。

そこで「吐かせる→謝る→任せる」という手順を踏んで、相手に「私は大切にされている」と思わせることを、春田さんにはやっていただきたいのです。

1．文句や意見をとことん吐かせる。
相手が利用者さんの場合は、腰をかがめるなどして目線の高さをそろえる。上司・先輩の場合には、言い分をメモ帳に書き留める。途中で反論したり意見するのはNG。言いたいことを全て吐かせてください。

2．「私が気が回らずごめんなさい」と謝罪する。
「何で私が？」と思っても、心を込めなくていいので、相手の目を見て謝り続ける。

3．この時点で相手は「私も言い過ぎた」と反省し、折り合いをつけるスイッチがオンになります。「私の話を聞いてくれた」「心を寄せてくれた」と確信すると、人は自ら動こうとする力を持っているので、あとは本人に任せてください。

尊重とは「あなたは大切な人」というメッセージを送り続けることです。他者と分かり合うことは難しくても、心と心の距離感を近づければ、自然と共感できます。共感力は私たちのDNAに刷り込まれているので、だまされたと思ってやってみてください。

「あなたは大切な人」であるというメッセージを送り続けることが大事

あなたの心は大丈夫？

ココロのストレス度注意報

河合式チェックリストで確認！

毎日、一生懸命働いている皆さん。忙しい日々の中、知らず知らずのうちに心にストレスがたまっていませんか？　ストレスは人生の雨。最近1カ月間のあなたの「心の状態」について、次の項目に対し、最も当てはまるものに○をつけてください。おのおのの(　)内の数字を加算し、その点数によってストレス度を判定します。

		ない(0)	時々ある(1)	ある(2)
1	イライラすることが多い			
2	何となく不安なときがある			
3	仕事に集中できない			
4	仕事でミスをしたり、忘れ物をする			
5	やる気が出ない			
6	よく眠れない			
7	友人や同僚と話すのがものすごく面倒くさい			
8	憂鬱《ゆううつ》な気分になる			
9	食欲がない			
10	落ち着かない			
	小計	点	点	点
	合計			点

あなたのココロのストレス度は？

点数	判定	
0-2	問題なし！ スカッ晴れ	何も気にせず、やりたいことをどんどんやりましょう。今のあなたならいつも以上に頑張れそうです。
3-7	注意報！ モヤモヤ雲	心の中にあるモヤモヤを吐き出してみましょう。友達に愚痴ってもいいし、今の気分を書いてみるのもいいですね。
8-14	警報！ シトシト雨雲	かなり心が弱っています。心の距離感の近い人に思い切って相談してみましょう。できるだけ具体的に話し「傘を貸してほしい」と頼んでください。勇気を出してね！
15-20	特別警報！ 線状降水帯ゲリラ雲	かなり危険です。ストレスの原因は仕事ですか？　家庭ですか？　しばらくストレス雲と距離を置く時間が必要です。回復しないなら医師に相談することもお勧めします。

※このチェックリストは、著者・河合薫が独自に作成したものでスクリーニングなどに使用できるものではありません。日常のセルフチェックとしてご利用ください。

第2章

「利用者家族への気持ち」について考えよう！

施設を訪問する、または、電話をかけてくる利用者さんのご家族。それぞれにさまざまな事情はありますが、利用者さんのことを思うご家族も、利用者さんと同じ大切な存在です。この章では、そんな「利用者家族への気持ち」について、考えてみましょう。

「前はできたじゃない！」と怒る家族。老いを受け入れない家族に伝える言葉は

まぶたの裏に焼き付いた親の姿と現実のギャップに心乱れる

親の〝変化〟は突然きます。「親は元気で変わらぬ存在」という無意識の確信が、いとも簡単に裏切られ、それをきっかけにまるで坂道を転げるように、予期せぬ変化が繰り返されます。親は子を頼るようになり、「親と子」という当たり前だった関係が逆転する。その現実を受け入れるのは、そうそう簡単なことではありません。誰もが老いるもの、と頭では理解できても、心がついていかないのです。

「最初の頃はまだお元気で、少しサポートするだけで問題ありませんでした。ところが最近、お着替えやトイレなど、うまくできないことが増えてきちゃって、ご家族

が怒るんですね。特にお嬢さんが厳しくて『お母さん、何でできないの？　前はできてたでしょ！』って。せかせかすほど利用者さん（お母さん）は、焦ってできなくなりますから悪循環です。親子関係に私がしゃしゃり出るのもどうかと思うのですが、怒られているのを目の当たりにするのは気分のいいものではありません。親の老いを受け入れられていないんだと思うのですが、こういうときって、どうお声掛けしたらいいのでしょうか」井出さん（仮名・40代）。

井出さんが指摘するように、第三者の目には「怒る家族 vs 老いる親↓利用者さんがかわいそう」と映ることでしょう。しかし、いくつになっても親は親。まぶたの裏に焼き付いた「父・母」の姿と、目の前の「見たこともない親のリアル」とのギャップに感情が割れ、心が乱れてしまうのです。

特に最近は、100歳近くになってもしっかりしたおじいさん、おばあさんが、テレビなどで「超元気な高齢者！」として紹介され、「生きがいがあればいつまでも元気でいられる！」といった言説もあふれているので、「自分の親は年齢の割に老け過ぎなのか？」「生きがいを持てない父・母はダメなのか？」などと不安になる。すると次第に「私に甘えているだけかもしれない」と思うようになり、「何でこんなこともできないの！」

と叱りたくなる。もっとできるはず、こんなダメな親じゃないはずと、まるで親が子供に期待を託すように、自分のイメージに〝親〟を近づけようとしてしまうのです。

一方、親は親で周りが思う以上に〝分かっている〟ので、どんなに子に怒られようとも決して反論しません。「こんなこともできなくなってしまった自分が悪い」「こんなにダメになってしまって子供に迷惑を掛けている」「娘の期待に応えられない自分はダメな親」などと、自分を責め続けます。そんな親の姿は子にしてみれば情けなくもあり、切なくもあり、ますます親の老いを「心」が勝手に否定するのです。

そこで、怒る家族と怒られる利用者さんがちょっとだけ前向きになれるように、井出さんにはお手伝いしていただきたいです。「本当？？　うれしい！」と利用者さんが小躍りするような声掛けにトライしてください。

まずは、ご家族を「皆さん、できませんよ」と安心させる。その上で利用者さんを「○○さん（利用者さんの名前）は、△△ができるのはすごいですよ」と褒めてください。

例えば「着替えがうまくできない」場合には、「洋服って意外と複雑な作りなので、皆さんできませんよ」と家族に声掛けし、利用者さんを「○○さんは、おズボンはスムーズにはけるのですごいですよ」と褒めてください。お掃除や片付けができなくなった場合は「皆さん、だんだんとやらなくなりますよ。面倒ですものね」と笑って声掛けし、「○○さんは、残り物を冷蔵庫にちゃんとしまうのでしっかりされていますよ。うちの母なんて、冷蔵庫を開けるまではいいですけど、閉めるのいつも忘れてますから」といった具合です。

どんなささいなことでもいいし、多少、大げさでもいいので、「あなただけじゃない」と安心させ、「あなたはすごい＝若い・元気・しっかりしてる」と持ち上げてください。〝小躍り〟を繰り返すうちに、ご家族もだんだんと老いを受け入れるようになることでしょう。

そもそも人は常に自分と他者を比較し、上か下かをつくるのが大好物です。子供の頃から「背比べ」などで「上」か「下」かを競ってきましたし、小学生の頃は牛乳の一気飲みや給食の早食いで「上」になりたくて頑張りました。老いるのも同じです。若さでちょっとだけ「上」になりたいだけ、なのです。

そして、もう一つ。「認知症」という言葉の使い方にはくれぐれもお気を付けて。

認知症研究の第一人者で、自らも認知症になったと公表した精神科医の長谷川和夫先生（故人）は、「認知症にならないのは1割しかいない。超エリートなんだよ」と常々話していました。年を取ればごく一部の「選ばれた人」以外は認知機能が低下し、一つ一つ当たり前にできていたことができなくなるのは人間の摂理です。なのに「ちょっとお酒が入った中高年」が、マンションのお部屋を間違ってノックすると笑い話で終わるのに、高齢者が間違えると「認知症よ！」と言われてしまうのです。まるで「ダメな子」呼ばわりされているようで、家族も本人もしんどい、ということを心の片隅に刻んでおいてくださいね。

「皆さん、できませんよ」と安心させ、「○○さんは、すごいですよ」と褒めて

離れて暮らす家族からの電話でサービスが中断、どうしたらいい？

「家族」は外からは見えない問題を抱えている場合もある

「人生の最後の時間は家で暮らしたい」という願いをかなえる在宅ケアの現場は、最後のとりでと呼ばれる「訪問介護員」さんの存在なくして成り立ちません。利用者さんの中には一人暮らしで、家族に頼ることができない人もいますし、家族はいても、遠くに住んでいるため会うことができず、自宅に来てくれる介護職員さんが社会との唯一の接点の人もいます。また家族の中には、介護職員さんが来てくれるときを見計らって、親の状況を聞きたがる人もいます。ベテラン介護職の中根さん(仮名)の利用者さんの家族もその一人です。どんなお悩みなのか、中根さんの話をお聞きください。

「利用者さんの中には電話にうまく出られない人もいますので、サービス中にお電話をかけてくるご家族はたくさんいますし、状況確認のために電話してくる方もいます。ところが今担当している利用者さんの娘さんは、私と話がしたいと電話をしてきてサービス時間中は切ってくれないのです。ご家族と利用者さんの状況を共有するのは構いません。でも、お母さまが通っている病院の愚痴とか、ご自身の状況とか、毎回長々とお話しになります。するとサービスを中断せざるを得ないわけです。排泄《はいせつ》のケアのときなどはいったん切ってくれるのですが、またかかってきます。結果的に時間延長になり、支払いが介護保険の点数上限を超えてしまうのです。それを何度も説明するのですが、なかなか分かっていただけなくて。次の利用者さんのスケジュールもあるので、本当に困っています。家族からの電話をうまくコントロールする方法を教えてください」

何とも悩ましいお話ですが、中根さんは15年間勤めていた施設を辞めて、訪問介護員に転身しました。「じっくり介護と向き合いたい」という思いからだったそうです。実際、訪問介護は介護職員さんとの信頼関係で成立していますから、肉体的にも精神的にもハードですがやりがいをとても感じているとか。ただ、家族の長電話だけはどうすることもできずストレスの雨にぬれていました。

本来であれば、このような現場の問題は施設長さんマターで解決するのがベストですが、理屈通りに対処できないのがヒューマンサービスの難しさなのでしょう。

そこでこれからお話しする「ステップ」を踏んで、対処してみてください。

ステップ1 スマホのスピーカー機能を利用する

電話は全てスピーカーで対応し、サービスを実況中継しながら進めてください。「はい、今からお食事です。○○さん、冷蔵庫側の椅子に座ってください。はい、お茶ですね。熱いから両手でしっかり持って…お味はいかがですか？」「おいしいね〜」「お嬢さん、お母さん、新茶を楽しんでますよ」という感じです。

実況中継中に娘さんが、即対応できないことを依頼してきた場合は、「これからお風呂ですので、サービスを優先しますね！　申し訳ないです！」と伝えてみましょう。

仮に電話の向こうでクレームを言い始めても、「はい、申し訳ございません」とだけ言って実況中継を続けてください。ポイントは、利用者さんであるお母さんに話し掛ける感じでやること。介護サービスでの主役はあくまでも「利用者さん」です。

そして、サービス終了時間が近づいたら、「○○さん、次回は△日後の、※月%日の○曜日に来ますね！ 私は次の現場に行きます。○○さん、お嬢さん、これで失礼します！」と電話を切ってください。もし、切った後電話をかけてきたら、「申し訳ないです、今、次の現場に移動中ですので、本当にごめんなさい」と言って切ってください。

ステップ2 施設長・事業者側から電話する

ステップ1を続けても状況が改善されない場合は、施設長・事業者の出番です。ただ、「長」が付く役職の人と対面するのは家族も緊張します。理屈で攻めると、相手の心を余計にかたくなにさせてしまいます。ですので「家族の言い分」をまずは聞き、施設側に文句があれば言いたいことを全て言ってもらい、いったん受け止めてください。その上で「その先どう対応するか？」を検討し、施設や事業者側で対応できない場合は、地域の他団体・機関にも相談して、連携していただきたいです。

「家族」といってもさまざまな形がありますし、外からは見えない問題を抱えている場合もあります。問題が全くない家族などいない、と思うのです。その家族では対応できないケアをしてくれるのが介護職員さんです。介護職員さんなくして「家族」が家族でい続けるのも難しいのが、今、日本が直面している超高齢社会です。

しかし一方で、介護職員さん＝働く人は「労働力を提供しているのであって、人格を提供しているわけじゃない」。たとえヒューマンサービスであれ、働く人の善意でしか回らないような働かせ方、働き方をするのはいけないと私は思います。ですから、どうか施設や事業者は、自分たちのスタッフをちゃんと守ってください。

「家族の言い分」をまずは聞き、言いたいことを全ていったん受け止める

同僚とのネガティブな空気を、利用者や家族に悟られないようにするには?

心を静める時間を持って、良いコミュニケーションを

元気な職場の空気は温かい――。これは全国津々浦々、1000社以上を講演会や取材で訪問して感じたことです。一歩踏み入れた途端、こちらまで心が和む。「いい職場だなぁ。きっといい仕事してるんだろうなぁ」と理屈なしに思えるから不思議です。

私たちはあまり気にしていないけれど、体と心は相手の気持ちや動作に共鳴します。例えば、イライラしている人といると、自分までイライラしてしまったり、楽しそうな人といると、何だか楽しい気分になったり。「自分は大丈夫!」と思ってお化け屋敷の列に並んでいる最中に、誰かの悲鳴を聞き、急に怖くなって震えてしまったり。こ

のプロセスは〝感情の伝染〟と呼ばれ、脳内にあるミラーニューロンと呼ばれる神経細胞が、ミラー＝鏡のように、他者をまねすることで起こります。心は「私」に宿るのに、他者に左右されてしまうのです。

とりわけ介護や看護などのヒューマンサービスの現場では、スタッフ同士の関係性が利用者さんやご家族にも伝染してしまうので、ネガティブな感情の伝染には気を付けなければなりません。逆に、施設に〝温かい空気〟があれば、間違いなく利用者さんの笑顔への妙薬になります。とはいえ「じゃあ、頑張って温かい施設にしましょう！」とおいそれとできないのが人の厄介な感情です。

「いつもはニコニコしているのに、少しでも自分のやり方と違うと、すごいけんまくで怒る先輩がいます。『同じやり方をしないと利用者や家族を混乱させる』って。会社には何度も相談したけど、効果はなし。介護のやり方って人それぞれだし、自分のやり方を押し付け、あたかも私のスキルが低いような言い方をされると嫌になります。利用者さんの前でも私に腹を立てることがあるし、先日は家族の前で怒りだしたので、ご家族に気を使わせてしまったみたいなんです。感情的な相手には、どう向き合えばいいのでしょうか」

こう嘆くのは介護職歴5年目、30代の五十嵐さん(仮名)です。怒る先輩の言い分も理解できないわけではありませんが、利用者さんの前で、指摘するのはいただけません。しかし一方で、先輩に悪気はないと思うのです。一生懸命であればあるほど、時に人は視野狭窄《きょうさく》に陥りがちですし、利用者さんを思えば思うほど、強く言ってしまったりもします。感情的になっている人に感情的に返すのは、火に油を注ぐようなもの。怒りをぶつけられれば怒りが湧くし、自分が否定されれば相手を否定したくなる。コミュニケーションと感情の伝染は、切っても切れない関係です。「私」は感情の送り手にも受け手にもなることが可能なのです。

そこでまずは先輩のネガティブな感情が自分に伝染しないように、断ち切る方法を紹介します。その上で、「相手の感情が自分に感染」するのを防ぐのでなく、発想を逆転して「自分の感情を相手に伝染」させましょう。名付けて「責めるが勝ち、おでこ戦法」です。

1.相手が感情的になりだしたら、相手の目をじっと見る。決してにらんではいけません。心の中では楽しかったことを思い出すなどして、優しいまなざしになるように心掛けてください。

2．相手がある程度言い終わったら、〝おでこ〟に言いたいことを書いて（思い浮かべて）ください。テレビ画面のテロップのようなイメージです。その際、相手の人格や振る舞いに関する内容ではなく、あくまでも自分がやっているサービス（先輩から指摘された点）についての自分の気持ちをおでこに書き出してみましょう。

人間の感情をコントロールする前頭葉が機能するには5秒ほどかかるので、おでこに書いているうちに、伝染しそうになったネガティブな感情やそれに対する怒りが消えます。話題のアンガーマネジメントの6秒ルールも、こういった脳のメカニズムを利用しています。

3．おでこに書き終えたら、それを伝えましょう。相手の目を見て、できるだけゆっくりと、穏やかに語り掛けるように心掛けてください。これで大丈夫です。あなたが「穏やかな感情」の送り手になり、感情的になっていた相手の心はあなたの穏やかな気分が伝染し、平常心を取り戻します。利用者さんやご家族の前で怒りだしたときは、利用者さんやご家族にも「自分の気持ち」を伝えてください。

実はこの「おでこ戦法」は、私がテレビやラジオのお仕事をメインにしていたとき、やっていたことです。生放送は時間との戦いであるとともに、失言も決して許されません。そんな厳しい状況だからこそ、おでこに書く時間を意識的につくると、気分が落ち着き視聴者に届く言葉を奏でられました。

五十嵐さん！　あなたが「穏やかな感情」の送り手になれば、利用者さんやご家族が嫌な気分になることはありませんし、先輩とのやりとりを「一生懸命やってくれているのね」と感じてくれるかもしれません。目指すは「温かい空気」です。おでこ戦法をぜひ、お試しあれ！

自分の気持ちを〝おでこ〟に書いて感情をコントロールしよう！

同じやり方をしないと
利用者を混乱させる
でしょ！
言いたいことを
思い浮かべて
心を静めよう…

訪問介護中にじっと見張っているご家族。気になって介護がやりづらい…

在宅ケアは一緒に暮らすご家族との関係も大切

恐らくこの世で「人の目」が気にならない、という人はいないのではないでしょうか。見ている人にはその気がなくとも、見張られているようで「気にしないようにしよう」とすればするほど緊張してしまうのです。「地獄とは他人」とは哲学者のサルトルの言葉ですが、他者を意識せずに生きていくのは、不可能といっても過言ではありません。

「訪問介護中に、ご家族がじっと介護職の様子を見ておられ、いちいち口出しし、チェックして会社に報告するのでとても気になります。ベッドから車椅子の移乗のときに、○○さんとはやり方が違う！と注意されたこともありました、何か私、そのとき、バカにされたような気がして、心の中で『だったら自分でやれば？』なんて思ってしまったんです。最悪ですよね。でも、介護の仕事は好きなので、こういうご家族とうまくやる方法が知りたいです」磯野さん（仮名・40代）。

在宅ケアは施設でのケア以上に、利用者さんだけではなく一緒に暮らすご家族との関係が大切です。しかし、どんなに介護職員さんが信頼関係を築こうと努力しても、うまくいかない場合もあります。残念なリアルではありますが、介護職員さんを下僕のように扱ったり、気に入らないと罵声を浴びせたり、「介護職は自分より下」と思い込んでいる家族が少なからず存在するのです。

最近はこういったケースは「カスハラ」として、社会的に高い関心を集めています。「働く人を守ろう」と動きだした企業や自治体も増えてきました。しかしながら、カスハラとクレームの線引きは極めて難しく、大多数はグレーゾーンで現場で何とかするしかないのが現状です。

特に訪問介護は「利用者さんの家」という密室でのケアになりますから、介護職が耐えるしかない状況に陥りがちです。それが離職の原因になることも少なくありません。

磯野さんは「だったら自分でやれば？」と思ってしまったと後悔していますが、その必要はありません。むしろ「ネガティブな感情」は吐き出した方がいいのです。まずは心のモヤモヤを吐き出した上で、対処策を考えましょう。と同時に、決して自分で抱え込まないで、会社や施設の人と情報を共有して対応してください。

しかし一方で、カスハラの加害者の中には、思い込みや正義感から、厳しい対応を取ったり、悪気は全くないのに厳しい言葉を使ってる場合もあります。こういったケースの場合は、会話を積み重ねることで解決できます。

そこでまずは「会話を重ねるケア」です。利用者さんの家に入る瞬間から、家を出る瞬間まで、「声を出す」「相手の目を見る」「感想を聞く」の3つの具体的な行動を、以下の手順でやってみましょう。

・家に入ったら、なるべく明るい大きな声で「おはようございます。〇〇（会社名）の磯野です。本日もよろしくお願いします！」とあいさつをしましょう。

・お部屋に入ったら、家族の目を見て再度「よろしくお願いします」と会釈し、利用者さんに顔を近づけ、利用者さんの目線に合わせて、「〇〇さん、磯野です。よろしくお願いしますね。今日はいい天気ですよ」と、あいさつ＋よもやま話をしてみましょう。

・サービスを提供する際は、「お着替えしましょう」とまずは利用者さんに声掛けをし、家族にも「お着替えをしますが、どこかお体で気になることはないですか？」など、利用者さんの状態を確認する声掛けをしてください。移乗などの場合は、「私はこれこれこういうやり方でやりますが、問題はありませんか？」と家族に確認してください。

・サービスが終わるたびに「〇〇さん、お洋服すてきですね」といった具合にワンポイント声掛けをし、家族にも「すてきですね。ピンクがとても似合いますね」など、サービスの輪に家族が入る声掛けを工夫してみましょう。移乗などの場合は、一言「はい、移乗終わりです」と声掛けをすれば十分です。

対面で互いの目を見ながらの会話は、人と人を知る行為です。お互いを少しだけ知ることができれば、共感という感情が生まれ、心も穏やかになります。共感とは相手と対面し、見つめ合う状況で生まれる感情です。それは同時に互いに交流する経験でもあります。

ひょっとすると、ご家族が見張るのは「自分の親」を他人である介護職員さんに任せることに、ある種の罪悪感を抱いていることに起因しているのかもしれません。本来なら家族である自分がやらなきゃいけない仕事を、他人任せにしていいのか？と。なので会話をすることで、ご家族が「親のケアに関わっている」と思えれば、見張る必要もなくなります。利用者さん・介護職員さん・家族の三者関係が出来上がれば、家族が仲間外れになることもありません。

それでも家族の見張りや厳しい言動が続く場合は、決して一人で抱えず、施設長や会社にSOSを出してください。そのときは、「会話を重ねるケア」を心掛けていることも必ず伝えてくださいね。

対面で互いの目を見ながら会話し、お互いを知り、共感できるようにしよう

豪雨や地震などの災害から、どうやって利用者さんを守ればいいのか?

利用者の安全を守るにはスタッフだけでは困難な状況

'20年7月。熊本県の球磨川流域ではわずか2日間で1カ月分の猛烈な雨が降るなど、西日本、東日本の広い範囲で記録的な豪雨になりました。'22年には「これまでにない」気象災害が相次ぎ、関東甲信地方では、6月27日と非常に早く梅雨が明け、6月なのに40度を超えるような猛暑を記録しました。8月には青森県から福井県にかけて、さまざまな場所で線状降水帯が発生、8月3日から4日にかけて青森県で記録的大雨による災害が相次ぎました。「異常気象」とは数十年に1回程度の現象、あるいは人が一生の間にまれにしか経験しない現象を指しますが、この数年、〝異常〟が頻発しています。

また、'24年1月1日の元日、日本中がのんびりしてる中で能登半島地震が発生。日本中が、突然の出来事に驚き、胸を痛め、恐れました。9月には再び自然災害に襲われます。豪雨で河川が氾濫し、またもや被害が続出してしまいました。地震と豪雨という2種類の自然災害に襲われるとは…、何と言ってよいのかも分かりません。

私が「ニュースステーション」(テレビ朝日系列)でお天気お姉さんをやっていた'90年代、「1時間100ミリの雨」はトップニュースになる、めったにない現象でした。「河合、100ミリの雨を体験してこい！」とプロデューサーに言われ、つくばの防災科学技術研究所から生中継したときには、一瞬で膝まで雨水がたまり、後ろに積まれた土砂が崩れ、集中豪雨の怖さを思い知ったのを覚えています。

「天災は忘れた頃にやって来る」と戒めたのは震災の研究を行っていた物理学者であり文学者の寺田寅彦ですが、今じゃ「忘れる間もない」ほど天災と背中合わせで日常が回っています。ハザードマップの確認や災害タイムライン(災害時に取るべき行動を、経過時間に沿ってあらかじめ決めておくこと)の作成など、災害への備えをする人も増えましたが、大きな課題になっているのが、高齢者や妊婦、障害者など「災害弱者」と呼ばれる人たちをどう支援し、命を守るかです。

「防災リーダーを決め、タイムラインも作るなど、利用者さんを守るための対策は取ってきました。でも、実際に地震とかが来たら大丈夫なのか、豪雨で夜間浸水とかしちゃったときに、ちゃんと対応できるのか不安が尽きません。先日、地震があったときもマニュアル通りに対応したのですが、利用者さんが『怖い怖い』ってずーっと言っていて。何か申し訳なくて。中には数日間、怖がってしまって、それまでできていたことができなくなってしまった利用者さんもいました。自然災害って想定外のことが起こるって聞くので、災害が来たときに、どうやって利用者さんを守っていけばいいのか。心構えや対策など、教えてください」

こう話すのは、特別養護老人ホームで働く、介護職3年目の増田さん(仮名)です。未曾有の自然災害がいつ起こるか分からない状況では、もちろん備えは不可欠ですが、どんなに備えても「これで万全」とは言い切れません。

増田さんが勤める特養では、年2回の防災訓練が義務付けられていますが、年を取ると「訓練とリアル」を区別するのが難しくなりがちです。特養の利用者は要介護3以上ですから、「高齢者」とひとくくりで避難を考えることも危険です。

もはや施設のスタッフだけで、利用者の命を守るのは非現実的と言わざるを得ません。利用者さんを守るためには、地域住民という「傘」を借りてほしいです。

くだんの球磨川流域の豪雨災害で、特別養護老人ホーム「千寿園」では、入居者14人が犠牲になりました。一方、地域住民の支援で56人の利用者が助かりました。施設の防災計画の中に住民に加わってもらっていたため、豪雨当日には20人以上の住民が集まり、利用者の避難を助け、夜通し手を握るなどして恐怖から守ってくれたそうです。

ただ、どんなに防災計画を作っても、そこで終わりにしては意味がありません。日頃から地域の人と関わる機会をつくり、顔が見える関係をつくっておくことが必要です。

災害が起こったとき大事なのは「あのおばあちゃん大丈夫かしら?」「あのおじいちゃん、慌てて転んでないかしら」「増田さんたちのホーム、手伝いに行かないと困ってないかしら?」と一人でも多くの〝協力者〟たちに、とっさに思い出してもらえる人間関係です。ホームで行われる季節のイベントに地域の人を招待したり、一緒に花火大会をやったり、工夫してみてください。年2回の防災訓練にも、地域住民に参加してもらってください(実際に千寿園ではそうしていました)。

かねて「村祭りの多い町は災害に強い」という言葉がお天気の世界にはありました。人と人のつながりがあってこそ危機は乗り越えられます。年を重ねると環境の変化で体調も心の状態もダメージを受けやすくなりますので、いわゆる「災害関連死」を防ぐためにも、地域住民と顔の見える関係を。最後は「人」なのです。

人と人のつながりがあってこそ地域住民という「傘」を借りてほしい

ザー
ザー
利用者さんを守る対策は取ってはいても不安は尽きない…

亡くなられた利用者さんのご家族に、お悔やみのあいさつをしたいけど…

利用者の死や悲しみを乗り越えるにはスキルが必要

「命の現場」で働く人たちが避けて通れないのが、利用者さんの死。毎日の当たり前のルーティンが突然途切れ、いつものお部屋にも、お気に入りの椅子にもいないのです。「そろそろかもしれない」と分かっていても、悲しみが癒えず、喪失感を乗り越えるのに苦労する人も少なくありません。

「生前はまるで娘のように良くしていただきました。ご家族もよくいらしてましたので、いろいろとお話するのがとても楽しみでした。ところが私が夏休み中に、亡くなってしまって、最後のお別れをすることができませんでした。せめてご家族に、お悔やみのお手紙を書くかお電話をしたいのですが、どうしたらいいでしょうか。個人的にコンタクトするのは施設で禁止されているのです。親しくサービスを行っていたのに、途絶えてしまい寂しくて仕方がありません」櫻井さん(仮名・30代)。

利用者さんを区別するわけでも、特別扱いするわけでなくとも、「親しさ」に個人差が出てしまうことは往々にしてあります。櫻井さんは利用者さんとのお別れはこれまでも経験してきたそうですが、今回ばかりは心の整理がつかないそうです。施設によっては、葬儀にお花を出したりするケースもありますが、櫻井さんの施設同様、個人的な連絡は一般的には禁止されていますから、なかなか自分の心と折り合いをつけられないのでしょう。

しかし、「供養」という言葉がありますが、亡くなった人を思い出すことが供養だと言われています。「共に過ごした時間」を思い出すと、悲しみで涙があふれてくることがあります。悲しくて悲しくてつらい気持ちになることもあるかもしれません。しかし、少しだけ見方を変えてみれば、「思い出」は唯一無二の心の宝物として残り続けます。亡き人を忘れないように思い出すことも、大切な供養です。

そして、もし、偶然、どこかでご家族と再会するようなことがあったら、そのとき

「今の気持ち」を伝えれば十分ですし、そういう機会が訪れなくとも、利用者さんのご家族の心の中には、親が櫻井さんにケアしてもらっているときのことや、櫻井さんと親のことを話した日々も、「親の思い出のワンシーン」として残っていますから大丈夫です。元気だった頃の自分の親と、介護職員さん＝櫻井さんとのいい関係が、家族の悲しみを癒やすのに役立ちます。

一方で、櫻井さんの「日常」は続いています。櫻井さんのケアを待っている利用者さんもいますから、利用者さんの死を乗り越えるスキルを身に付ける必要があります。そこで「出す」。以下のステップを参考に、悲しみを乗り越えてください。

ステップ1 悲しみ、喪失感、後悔を「他者に」出す

泣きたいときは大声で泣いてください。一人で抱え込まないで誰かに話を聞いてもらってください。職場の同僚でもいいし、学生時代の友達でもいいし、自分の家族でもいいです。他者に気持ちを出すことをためらわないで、声に出してください。「実は私もね…」と同じような経験をしてる人もいると思います。そのときには、ぜひ彼女・彼らの経験の聞き役にもなってください。

ステップ2 思い出を「書き」出す

利用者さんに行ったケアで、利用者さんが喜んでくれたもの、うまくいかなかったもの、家族から頼まれたものなどを、ノートに書き出してください。そのときの利用者さんの表情なども、書き加えてください。それは生涯の宝物になります。

ステップ3 これからを「考え」出す

現場での経験は、ポジティブなものもネガティブなものも、キャリアの糧になります。そのまま通り過ぎるのはもったいないので、今、目の前にいる利用者さんの笑顔が一回でも増えるために、何ができるかを考えてみましょう。そのときにはステップ2で書き出した「思い出ノート」を読み返して、「あのときにああすれば良かった、もっとこうすれば良かった」と、今、目の前の利用者さんの「笑顔につながりそうなケア」を考え、実行してください。

個人的な話になりますが、私の母は最期を入居していた施設で迎えました。亡くなる前日まで、「まだまだ頑張れそう」な状況でしたから、私は恥ずかしいほど大声で泣きじゃくってしまいました。でも、介護職員さんたちは、その1年半前に入居した当時からまるで家族のように接してくれたので、最後まで私はとても心強かったです。

母が亡くなって半年ほどたった頃、偶然、お世話になっていた介護職員さんとばったりお会いしたのですね。介護職員さんが私に気付き、声を掛けてくれたのです。くしくも「母が突然降りてきて」少しだけ寂しい気持ちになっていたときだったので、とてもうれしかったです。母がつないでくれた「縁」が、母がいなくなってからも続いていくのはありがたいことだとつくづく思います。

亡くなった人を思い出すことが供養「出す」ことで悲しみを乗り越えて

特別会談その1

職員が働きやすくイキイキと活躍する環境づくりの秘訣《ひけつ》とは

会談のお相手

株式会社ニチイ学館
事業統括本部　近畿支社
エグゼクティブマネージャー支社長補佐
宮井由枝氏(左)

株式会社ニチイ学館
事業統括本部 人財開発事業本部
エグゼクティブマネージャー
松本裕美子氏(中央)

介護、医療、保育など生活と関わりの深い事業を手掛けるニチイ。在宅系から居住系に至る“トータル介護サービス”を全国で展開中。そんな現場を知るニチイ学館の人財開発事業本部の松本裕美子さんと、近畿支社長補佐の宮井由枝さんに、人材採用や離職防止、現場での教育など、企業の取り組みについて伺いました。

撮影／山田芳朗　取材・文／玉置晴子

宮井由枝
（みやい・よしえ）

Profile● 近畿支社エグゼクティブマネージャー支社長補佐。現場管理者として活躍後、神戸支店長、近畿エリアの統括として、介護事業をけん引

松本裕美子
（まつもと・ゆみこ）

Profile● 人財開発事業本部エグゼクティブマネージャー。広告、海外事業や教育部門などに関わり、現在、人材採用の間口を広げる施策を展開

問題が起きたときは社内全体で共有し解決を

河合● 在宅系、居住系介護サービスを展開しているニチイさんですが、お二人はどのような仕事をされているのですか?

宮井● ヘルパーや現場管理者の経験を生かし、近畿支社長補佐として管轄エリアの支店と、支店が管轄する訪問介護や通所介護、グループホームなどの拠点のサポートを行っています。

松本● 入社して数年間、介護職員初任者研修（当時ホームヘルパー）講座といった介護の入門資格の講座や販促に関する教育事業に携わっていたのですが、5年ほど前に異動し、医療と介護の人材確保に特化した部門で人材採用の間口を広げる施策を提案しています。

河合● 宮井さんはいつ頃介護の現場に入られたのですか?

宮井● 介護保険制度が始まる1年前です。元々歯科衛生士の仕事をしていたのですが、医療事務講座を受けたことが、ニチイ学館を知るきっかけでした。その後、介護の事務職として働き始めたのが介護の業界に携わった始まりです。

相談できる間口を広げて働きやすい現場をつくるよう努力

河合●介護が大切な問題だと認識されるようになったのは'10年頃からですが、宮井さんはそれ以前からされていたのですね。その頃と今、利用者さんやご家族との関係は変わりましたか?

宮井●お客さまの知識が増えたため、調べた上でサービスを受けられる方が多くなった印象です。介護保険制度が始まった当時は、お金を払っているからやってもらって当たり前…みたいな部分もありましたが、今ではケアマネージャーがしっかりと付いてケアプランの中に位置付けられたサービスが受けられる、と理解が進んでいる気がします。

河合●カスタマーハラスメントも話題ですが、事業所としても対応されているのですか?

宮井●気兼ねなく相談できる環境を整えています。現場で解決できない問題は、支店、支社、本社と上げていき、どのような対策ができるかや、同じようなことが起きたときの対処法も考えていきます。介護現場だけでなく、組織として対応できるのは、弊社の大きな強みです。

河合●細やかな動きは民間の施設ならでは。そのような動きは本社にいても感じますか?

松本●四半期に一度は、支店、支社、本社、経営層まで入ったミーティングが行われ、現場のリアルな声を聞いて、次の施策を考えたり、こちらの考えを伝えるようにしています。自分がいる場所は関係なくコミュニケーションが取りやすいようにするというのが、人と人の仕事をする上で大事だと思います。

教育事業を行うことで介護職を親しみやすい存在に

河合●どの業界も人材不足が叫ばれていますが、中でも介護業界は本当に大変だと思います。

松本●働き手の分母が減っている影響もあり、訪問介護の有効求人倍率は約14倍。極めて厳しい状況です。ただ私どもの大きな強みは教育事業。ホームヘルパー講座の時代から受講修了者は約120万人、これだけの人を介護業界に輩出してきました。

河合●年齢や性別はどのような方が多いのですか？

松本●年齢層でいくと、30代後半から50代にかけての女性の方が多いです。受講中に仕事を紹介して現場を知っていただいたり、見学していただいたりと、介護の職場を身近に感じられるように働き掛けをしております。もちろんご家族の介護のために受講されている方もいますが、そのような方も最終的には現場に来ていただけるような道筋ができればと考えています。とはいえ、首都圏や近畿といった都市部ほど採用が難しいのですが。

河合●比較対象もたくさんありますから。意識的な面で以前と変えている部分はありますか？

宮井●近年は、〝選んでいただけること〟を意識しています。面接に来られた方は大体、2、3

社掛け持ちをされているので、その中で、「一緒に働きたいな」と思ってもらうことが大事。そのためには現場の声を吸い上げて、どうすれば魅力的に伝わるのかなどを研究しています。

河合●せっかく入ったのに離職する方も多いですが、どのような対策をされていますか？

松本●そこも今、非常に大きな課題として捉えています。入社後のフォローや研修はもちろんですが、今感じていることを把握できるように面談も定期的に行っていて。誰と面談をしたいのかも本人が選べます。

河合●例えば、施設長を飛び越えて支店長と…なんてこともできますか？　自分が施設長ならかなり気になると思うのですが。

宮井●そこは、なぜ自分ではないのかを気にしてもらいたいので、あえて気にさせています。

松本●働き始めて約1カ月後にアンケートも取るようにしています。今、どういう気持ちなのか、不安はどこにあるのか…など。そしてそれを共有し、変えられるところは変えていくよう気を付けています。とはいえ辞めていく方もいますが…。

宮井●弊社の特徴として異動を希望することもできます。働いていると管理者を含め同僚や利用者との相性は出てくるものなので…。その人が仕事しやすい環境を整えるのは私たちの仕事です。あとさまざまな介護サービスを展開しているため、違うと感じたら別の職種を提案することも可能。社内転職ができるのは弊社ならではですね。

河合●手を挙げればサポートして能力発揮する機会をくれるのは、働き手としてはうれしいところですね。人材育成のOJTに関してはいかがですか？

宮井●担当者を付けて、プログラムシートにのっとり動いていますが、人を育てるのが上手な現場は、育成を任されることが多いです。OJT担当者に育成ができたら何らかの評価をするなど、目に見える「ありがとう」を贈れたらと思っています。

大手ならではの社内異動や社内転職で人材を逃さず適材適所に配置

河合●プラスアルファは大事ですからね。報酬的な面ももちろんですが、感謝ややりがいといった気持ちも大切だと思います。

チームでケアすることで働きやすい現場を目指す

河合●これから超高齢社会が進みますが、会社として必要と感じていることを教えてください。

松本●人材不足を解決するのは難しいですが、人の役に立つ喜びとやりがいをより多くの人に感じてもらい、介護職に就きたいと思う人を増やしていく努力が必要だと思っています。介護は年齢関係なく、一度仕事をリタイアした方でも新たにキャリアを始めることができる貴重な職種なので、どんどんチャレンジしていただきたいです。

宮井●実は介護の現場は働きやすいんですよ。例えば訪問介護

だったら、毎日1時間だけという働き方もできる。そして毎日働くと実務経験になって介護福祉士の受験資格を獲得できる。そうすると自分自身のキャリアアップもできます。このように、自分に合った働き方ができてやりがいを得られるのがこの仕事の魅力だと思います。

河合●産休や育休などはどのようにされているのですか?

宮井●きちんと休んでもらうようにしています。やはり〝働きやすさ〟を第一に考えていますから。お母さんはお子さんに熱が出ると、休みたくなりますよね。そんなときも対処できるよう、チームでケアする現場をつくっています。ひいてはさまざまな気付きや、サービスの質向上にもつながっています。

松本●そのためにも、介護は大変な仕事というイメージをできるだけ払拭したいです。実は今までの仕事や経験など普段の生活を生かせる仕事なので。

宮井●考えたことをサービスとして提供し、手応えを感じられる…こんなクリエーティブな仕事はないと思います。介護はやりがいがあると発信できる仲間をこれからも増やしたいです。

介護現場を汗と熱で支えるバックヤードにグッときました。人はやはり「幸せ」になるために働くのです。

第3章

「同僚への気持ち」について考えよう！

指導をしてくれる上司、先輩、助けてくれる後輩など、施設で共に働く同僚。こうした同僚からのサポートのおかげで仕事は回っています。仕事は一人ではできないのです。この章では、そんな「同僚への気持ち」について、考えてみましょう。

新人介護職員とどのように関わる？うまくコミュニケーションを取るには？

自分なりの「道具」を使い、目の前の仕事に向き合う

何かと話題の「Z世代」に、大人たちが苦労しています。いつの時代も年配者は「最近の若い者は…」と嘆いてきましたし、とりわけ、ゆとり世代が社会人になった'10年以降は「これだからゆとりは…」などと「ゆとり＝使えない」と頭を抱える人が増えました。その勢いは『ゆとりですがなにか』なんてドラマができるほど。しかし、今、あからさまに若者を批判する人はめったにいません。ぼやいた途端「それ、昭和じゃん！」だの「ITリテラシー低過ぎだし」だの逆襲されそうですし、「若者の未来をつぶすな！」といった、〝若者を大切に圧〟もあいまって、言いたいことも言えず、もやもや気

分を吐き出すこともできず、「ジェネレーションギャップ」という体のいい言葉を盾に、コミュニケーションを避ける大人が増えたように思います。

一方の若者も、上の世代とのコミュニケーションに葛藤を抱えています。

以前、大学の講義で「分からないことは分からないと聞いた方がいい」と話したところ、一人の学生が「え、そんなことできない」と声を上げました。「何で」と問うと、他の学生たちから「聞けない理由」が相次ぎました。

「そんなことしたらダメなやつだと思われる」「こんなことも知らないの、とか言われそう」「そんなこともできないのに、ここでバイトしてるのって言われちゃう」「聞いたら終わり。使えないやつってレッテル貼られちゃうもん」などなど、彼らの脳は「聞く＝ダメなやつ」という公式で埋め尽くされていました。

SNSなどで簡単に情報をゲットできる情報化社会で、最優先される価値観は「知っていること」。情報を常にアップデートしている人が称賛されます。それは同時に「知らない＝恥ずかしい」という間違った解釈を生んでしまいました。他者評価を過剰に気にする現代の若者だけに、〝聞けない症候群〟に陥ってしまうのでしょう。

新年度になると多くの職場に新しい仲間が加わります。自分の仕事もやりながらの新人教育はただでさえ大変なのに、価値観の違う若者に「どこまで教えればいいのか？」「ハラスメントになってしまうのではないか？」と不安は尽きません。そんな無用なトラブルを避けたいがために、丁寧に教育したい気持ちは「分からないことがあったら何でも聞いてね」という思いやりのある言葉に変換され、新人の力になりたい気持ちは、「困ったら何でも相談してね」という頼もしい気配りになりがちです。

片や若者は「分からない」と聞けないのですから、コミュニケーションが成立するわけがない。それほどまでに「若者の取り扱い」は難しくなっているのです。

しかし、「人は考える葦《あし》」。とりわけ介護職などのヒューマンサービスを目指す人たちは「人に喜ばれたい」パッションが強いので、自分が何をすべきか？を考えるための道具を共有できれば、コミュニケーションやジェネレーションギャップの壁は一気に崩れます。

ここで「あなた」に考えてほしいのが「大切な道具」と「ミッション」です。

どんな仕事にも有形無形の〝大切な道具〟があります。例えば、航空会社のそれは「飛行機」です。全ての社員がたった一機の飛行機を飛ばすために汗を流しています。私の場合は「自分の言葉」です。小難しい理論も話題のニュースも「自分の言葉」で伝えることを大切にしています。介護のそれは何でしょうか？　利用者さんを笑顔にさせる「声掛け」でしょうか？　いいサービスを提供するための「チーム力」でしょうか？　あるいは利用者さんを決して独りぼっちにしないための「空間」でしょうか？　「大切にすべき道具は何か？」を考えてみてください。職場の仲間と一緒に考えてもOKです。
その上で「私」のミッションを具体化する。ここでのミッションとは「自分は何者で、なぜ、ここにいるのか？」といった自己のアイデンティティーで、仕事で遭遇する危機を乗り越えるための正義です。「私はなぜ介護職なのか？」と何度も自問し、答えを出してください。

自分が大切にしている「道具」を決して忘れることなく、目の前の仕事に腹の底から真面目に向き合い続けることで、「ミッション」は血流や内臓のうねりのごとく、体内の深部まで根を下ろします。想定外の危機に遭遇しても、骨の髄までミッションが染み込んでいれば、自分のなすべきことが明確になります。ミッションなくして、利用者や家族を満足させることも、自分自身の職務満足感を満たすこともできません。

どうかいい仕事をするためにも、いい人生にするためにも、「あなたのミッション」を心に刻んでください。

そして、あなたの施設の大切な道具、あなたのミッションを新人職員に話し、彼ら彼女らにも考えてもらってください。「分からないことはいいことだ。一緒に考えよう」という言葉を添えてね。

“自らのミッションを新人職員に話し、分からないことは一緒に考えよう！”

分からないことがあったら
何でも聞いてくださいね
分からないことが分からない…

新人介護職員や若いスタッフのやる気を上手に引き出すにはどうしたらいい？

若手も実は悩んでいる!?「居場所がない」との本音も

「最近の若い人って、やる気があるのかないのかよく分からないんですよね。みんなすごくいい子だし、とても真面目です。でも、いきなり辞めちゃったり、『本日付で退職します』ってメール一本で済ます人もいます。若い人を辞めさせないためにはどうしたらいいのか。どのように接したら、彼ら彼女らがもっと頑張れるのか。褒めて育てるを実践してるのですが、なかなかうまくいきません」古賀さん(仮名)介護職歴12年。

かつては「石の上にも三年」なんて言葉が使われましたが、「3年も？　そんなの無理」が今どきの若者たちです。人手不足が深刻な介護現場では、何が何でも若者に踏ん張ってほしい。しかし、あれこれ手を尽くせどなかなか手応えが得られない。一昔前なら「それって何の意味があるんすか〜？」と先輩や上司に盾突く、少々鼻息の荒い若手もいましたが、今の子たちは、皆、とてもいい子です。優しくて、真面目で、一生懸命。中でも介護の世界に興味を持つ若者は、スーパーいい子です。

なのに、どこかふわふわしていてやる気がないように見える。中には突然何の前触れもなく〝消えて〟しまう新人もいます。数日前まで「頑張ります！」とやる気を見せていたのに、先輩介護職の自尊心は木っ端みじんです。褒めて育てるのも疲れた、が本音かもしれません。

とはいえ、どんなに時代が変われど人は人。根っこの部分はさほど変わりません。あなたの新人の頃を思い出してください。やる気満々で入社したのに、「こんなはずじゃなかった」と思ったのではないですか。「何でこんな大変な仕事を選んじゃったんだろう」と後悔した人もいるのではないでしょうか。

これは「リアリティー・ショック」と呼ばれ、イメージした仕事と、実際に体感した仕事とのズレで生じるストレス状態を意味します。どんな仕事であれ、外から抱くイメージと実際の仕事にはギャップがあり、それに新入社員はガッカリする。次第にやる気もうせ、「こんな仕事やる意味はあるのか？」「自分はここにいる意味があるのか？」と、ストレスの雨はどんどん強まります。

ベテラン社員には異次元の存在に思える若手も、あなたが若かったときと同じように悩んでいる。やる気がないように見える彼らの胸の内は、「居場所がない」が本音なのです。

リアリティー・ショックには、職場の人間関係も含まれているため、上司や先輩との関係は極めて重要です。人間関係というと「親しくなること」と思われがちですが、新人が求める人間関係とは、「私の存在をちゃんと認めてほしい」という承認欲求であり、周りからの敬意であり、評価です。

象徴的な出来事がありました。人的投資をテーマにしたパネルディスカッションにパネリストとして参加した際、最後に一言コメントを求められ、私は「あなたをちゃんと見てるよ、ちゃんと分かってるよ」という気持ちを声に出して、半径3メートル世界の部下や同僚にたった一言でいいからメッセージを送ってほしい、愛をケチらないでほしい、とコメントしました。

パネルディスカッションの終了後、20代と思われる女性が、私を追い掛けてきました。

「あの、私、オノ・ヨーコさんの『You Are Here（ユー・アー・ヒア）』という歌があるんですけど、それをパソコンのスクリーン（背景画像）にしていて…ありがとうございます。最後の言葉が聞けて、良かった」と、言葉を詰まらせました。

彼女は「心にぽっかり穴があいているような虚しさ」を抱きながら日々働いていました。もっと自分の存在にも、仕事にも手応えが欲しかった。頑張りたいのに前向きになれなかった。そんな折れそうな心の唯一の支えが「ユー・アー・ヒア」。歌の歌詞を聴くことで、必死に耐えていたのです。

あなたの周りにも「私はここにいる！」と叫びたいスタッフがいるのではないでしょうか。もし、若者のやる気を引き出したいなら、声を掛け続けてください。

とかく介護の現場では利用者さんから「名前」ではなく、ヘルパーさん、姉さん、お兄さんと呼ばれがち。名前は「私」をかたどる大きな要因ですから、名前がないと「私」を知覚できず、居場所を得ることが難しくなりがちです。たった一言「○○さん、ありがとう」「△さん、おはよう！」「☆さん、いつも頑張ってるね！」と声を掛けるだけでいい。そして、ほんの一瞬でも「今つながったかも」と感じたら、「これ、やってごらんよ」と、具体的な役割にチャレンジする機会を提供してください。そして、陰から見守って若い社員の縁の下の力持ちとなってください。それが若いスタッフの「やる気スイッチ」がオンになる大きなきっかけになることでしょう。

とにもかくにも若手に、声を掛けて！　愛をケチらずに、ね。

一言でいいから、声を掛ける！
若手への愛をケチらずに！

梅雨になるとイライラして機嫌が悪い…。こんな人にはどう対処する？

天気は体調と密接に関係。気分の変調を来す原因は光

「不機嫌な人とどうやって人間関係を築けばいいのでしょうか。うちのチームリーダーは、梅雨になるとイライラして機嫌が悪くなるんです。元々ネガティブで短気な人。悪い人ではないのですが、梅雨になると日によって気分のアップダウンが大きくなるので、梅雨入り宣言を聞くだけで、今年も魔の季節が来たと、仕事に行くのが嫌になります。利用者さんには変わりなく接しているように見えるのですが、地雷を踏んだらどうしようって戦々恐々としています」

こう悲鳴を上げるのは介護職の花田さん（仮名・35歳）です。

スカッ晴れだとやる気が出るけど、曇りの日はいま一つ。「頭痛がする次の日は決まって雨。気象予報士より当たる」なんてしたり顔で話す人もいるほど、お天気は私たちの体調と密接に関係しています。中でも「雨の季節」は鬼門です。梅雨前線が日本列島に停滞して、ぐずついた天気が続くと、洗濯物は乾かないし、電車は遅れるし、傘は荷物になるし、なんか気分はすぐれないし、不快・不満・面倒・ゆううつのオンパレードで、イライラ気分はマックスに高まります。

ただし、気分の変調をもたらす原因は雨ではありません。「光」です。太陽が雲に隠れ、光が足りなくなることで、イライラしたり、気分が落ち込んだり、思いがけない変化が心に起きてしまうのです。

その鍵を握るのがメラトニン。太陽と大の仲良し、別名「睡眠ホルモン」です。

メラトニンには、体内時計の機能や生体リズムをコントロールする役目があり、夜と昼のリズムを調節しています。日中光を浴びるとメラトニンの分泌が減り、夜暗くなると増え、眠りに就くのを助けます。いい睡眠が取れれば、体は元気になり、気分も穏やかになる。「あ〜よく寝た〜」という一言も、体と心の健康を自覚できてこそ出る言葉ですが、それを支えているのがメラトニンです。

ところが雨が続くと、太陽の光を浴びることができず、メラトニンの分泌量が変わってしまいます。その結果、生体リズムが崩れ、眠りが浅くなり、うつ状態に陥り、だるい、やる気が出ない、人と話すのも面倒くさい！　もう、嫌っ！といった具合に、心も体も不健康に陥ります。イライラされたら周りは迷惑ですが、本人もつらい。

「あ〜また余計なこと言ってしまった」「あ〜もっと優しく言えば良かった」と後悔したり、「何で私はこんなに嫌な人間なんだろう」と落ち込んだり。イライラ気分は、周りを困らせるだけじゃなく、イライラしてしまった本人も困らせる、かなり厄介な感情なのです。

また、年齢が上がるにつれ、メラトニンは減少していく傾向にあります。70歳を超えるとピーク時の10分の1以下になるとの調査結果も。高齢者が夜眠れなくなったり、昼夜逆転になったりするのも、メラトニン不足が原因です。そういえば「ネコが寝てばかりいるときは雨、はしゃぎ回るときは晴れ」という俗説がありますが、ネコも光にコントロールされているので、寝不足で不機嫌になっているのかもしれませんね。

とはいえ、ネコの不機嫌は我慢できても人間の不機嫌は勘弁願いたい。そこで「アンティシパトリー・コーピング」にチャレンジしてください。これは「備えることができる危険」への対処法で、ストレスの影響を最小限にする効果が期待できます。

例えば、受験などの場合、少しでも落ち着くようにお守りを身に着けたり、電車の道順を確認したり、遅刻することがないように事前に行ってみたりしますよね。これらは全て「アンティシパトリー・コーピング」です。さまざまな〝リスク〟を想定し、それに事前に備えることで、受験日に緊張せず、万全な態勢で挑むことができます。人間にとって一番のストレスは不意打ちです。不機嫌な人の対応も、不機嫌を予想して、備えればいいのです。

「不機嫌予報」の手順は次の通りです。

- 毎日の天気とリーダーの様子を1週間ノートに記録する。
- 気象庁のウェブサイトで天気図をダウンロード、印刷しておのおののノートに貼る。
- 天気、不機嫌、天気図の関係から不機嫌予報にトライ！
- 不機嫌が予想されたら迷わずイライラ注意報を発令！　近づかない、関わらないを徹底してください。

不機嫌予報は占いではありませんが、当たるも八卦《はっけ》当たらぬも八卦。当たれば「キタキタ〜」とほくそ笑み、ハズレたら「何かいいことでもあったのかな？」と会話のきっかけにしてみてください。そして、もし、あなたがイライラで周りを不愉快にさせたときは、「ごめんなさい。光が足りないんですぅ」とちゃっかり天気を言い訳にしてみてくださいね。

周りの人たちの不機嫌を予想して イライラ注意報を発令しよう！

① 毎日の天気とリーダーの様子を
１週間ノートに記録する。
② 気象庁のウェブサイトで天気図を
ダウンロード、印刷しておのおの
ノートに貼る。
低
低
高
低
月 ニコニコ
火 ふつう
水 イライラ
③ 天気、不機嫌、天気図の関係から
不機嫌予報にトライ！
④ 不機嫌が予想されたら迷わずイラ
イラ注意報を発令！　近づかない、
関わらないを徹底してください。

同僚の陰口ばかり言う先輩に困惑…。うまく巻き込まれないようにするには？

同僚の愚痴を聞かされるのは拷問以外の何ものでもない

「悪い先輩ではないんです。でも、同僚の陰口ばかり言うので、いちいち相手をしてたら、私も仲間と思われないか心配です。かといって先輩なので、突き放すこともできません。なるべく一人きりにならないようにはしてるんですけど、先輩の機嫌を損ねることなく、うまく付き合っていくには、どうすればいいのでしょうか」

どこの職場でも一人ぐらいは〝悪口大好きさん〟がいるものですが、先輩だとちょっとばかりややこしい。そんな複雑な心境を吐露してくれたのは彩花さん(仮名・24歳)。

介護職2年目の若きエースです。

陰口を聞かされるのは決して気持ちのいいものではありません。それでも上司の悪口なら「そっか。ストレス感じてたの私だけじゃなかったのね」と安堵《あんど》し、飲み会などの席では、「そうなんだよね～。私も…」と、日頃の上司への不満をさかなに、盛り上がったりもします。しかし、同僚の愚痴となれば話は別。しかも、それを自分の上司から聞かされては拷問以外の何ものでもありません。たとえ心の中で「確かにそういうところあるかも」と思っていたとしても、そんな空気を一瞬でも醸し出そうものなら さぁ大変！

「ね！　あなたもそう思うでしょ！」とグイッとつかまれ、半ば強制的に毒舌仲間の道連れにされかねません。「彩花さんが、こんなこと言ってたよ～」などと、スケープゴートにされてしまうかもしれないのです。

しかし一方で、愚痴・うわさ話＝悪とは限らないのもまた事実です。

もちろん人格を攻撃したり、他人を傷つける陰口は300％NGです。しかし、〝悪口大好きさん〟の愚痴やうわさ話にはいくばくかの「組織の真理」が含まれているケースも少なくありません。

「そっか、〇〇をしちゃいけないのか」「え〜意外！　△△はそんなふうに受け止められちゃうのね」と、自分の行いを反省し、言動を改める絶好の機会です。「批判の声」を聞くことで、自分が所属する集団の暗黙のルールを習得することも可能です。それが過剰になると同調圧力になってしまうのですが、「人のふり見てわがふり直せ」ということわざもあるように、「ゴシップ（うわさ話や愚痴）は集団が自らの価値観や行動について主張し、合意する一つの方法」で、ゴシップは「所属することそのものだ」と主張する研究者もいるほどなのです。

念のため繰り返しますが、人を傷つけるような言動は絶対にダメ。でも、自分の言動を見直す、せっかくのチャンスを過剰な正義感で無駄にするのは少々もったいない。聞きたくもない愚痴かもしれませんが、「人ごと」で終わらせないが得策でしょう。

さらに、「陰口を言う＝心の中のネガティブな感情やモヤモヤを吐き出す」行為にはカタルシス効果があるので、言った人はスッキリします。聞かされる方からすれば「私を吐き出し口にしないでくれ！」と文句の一つや二つ言いたいかもしれませんが、愚痴を言いやすい〝お人よし感満載〟の人は、とかく〝悪口大好きさん〟のターゲットになりがちです。なぜ私に？という疑問は、自分のチャームポイントとしてポジティブに考えた方がいいかもしれません。

では、毒舌仲間にさせられないためには、どうすればいいのか？

戦略その1 「そうなんですか～攻撃」

ひたすら「そうなんですか～」を繰り返してください。正義感は禁物です。共感するわけでもなく、否定するわけでもない、「そうなんですか～攻撃」で受け止めたふりをすれば、相手もそのうち飽きます。

戦略その2 「勉強になります！攻撃」

「そうなんですか～攻撃」をしても、陰口やうわさ話が止まらないときは、「勉強になります！攻撃」に切り替えてください。他者から持ち上げられて気分を害する人はいません。仮に「そんなうまいこと言っちゃって。私のことバカにしてない？」と言われたら、「いえ、私も失敗が多いので」と切り返しましょう。これで相手の気分はアゲアゲになり、陰口は止まります。説教タイムに変わるリスクはゼロではありませんが、そのときは少しだけ辛抱してください。

戦略その3 「ご迷惑お掛けします！攻撃」

それでもまだ陰口を言い続ける強者の場合は「私も気を付けます」と一言加えてください。それを聞いたら「あなたは大丈夫よ」と励まし屋さんに大変身するに違いありません。その後は「先輩には迷惑ばっかり掛けて。ごめんなさい」と謝っちゃいましょう。心はいりません。スキルだと割り切って、「ご迷惑お掛けします！攻撃」で逃げ切ってください。

まずは「そうなんですか～」で乗り切る
まかり間違っても否定しないこと

ワーキングマザーに対する同僚の不満。どうコミュニケーションを取ればいい?

ワーキングマザーは周りに迷惑を掛けないよう頑張っている

「出産したら女性は会社をお辞めなさい」。ある著名な女性作家の、こんな極論ともいえる意見が物議を醸してから10年以上がたちました。今なら完全にアウトですが、まだあの頃は、性役割にとらわれている人たちが結構いました。

時代は変わり、育児と仕事の両立は当たり前になり、18歳未満の子供がいる世帯の母親が仕事をしている割合は、75・9%と過去最高を更新('21年「国民生活基礎調査」)。しかし一方で、子育てをしながら仕事をするワーキングマザーたちの苦悩は、10年前とさほど変わりません。育児休暇から復帰した南さん(仮名)もその一人です。

「介護職は女性が多いから、育児との両立は難しくないと考えていました。でも、実際は子供に振り回されている状況で、このまま仕事を続けることに不安を感じています。子供がまだ小さいので、夜遅くまで働けないし、急に休むこともあります。夫にも協力してもらってますが、私が遅刻や早退しないとままなりません。だんだん同僚もフォローしてくれなくなってきたので、何だか申し訳なくて。どうコミュニケーションを取ればいいのでしょうか。いい解決策を教えてください」

何とも悩ましい相談ですが、最近は子育て中の親を「子持ち様」と呼んで、皮肉る風潮も広がっています。どういう人たちが、そんな言葉を使っているのかは定かではありませんが、冒頭の厳しい発言があった頃から育児休暇や時短勤務で抜けた穴を埋めることに、声に出せない不満を感じている人はいたし、今も状況は変わっていません。

「なぜ私が、他の人の分まで仕事をしなきゃならないのか」

「一体いつになったら、私は自由にアフターファイブを楽しめるのか」

そんな不満を抱きつつも、「子育て」という事情が事情だけに、表立って文句をたれるわけにもいかず、不機嫌に振る舞ってしまうのです。頭では皆分かっているのです。

「カバーし合っていけばいい。できる人がやればいい」と。しかし、どんなに頭で理解できても、感情が割れる。特にこの数年は少子化対策で、子供のいる世帯の優遇策も拡大しているので、「何で？　子供がいないと損するわけ？」と不公平に感じてしまうのでしょう。

一方で、多くのワーキングマザーは悲しいほど一生懸命です。周りに迷惑を掛けないよう頑張っています。その頑張りようといったら半端じゃありません。中には心も体も疲れ果て、「これ以上迷惑は掛けられない」と苦しんだ末、仕事を辞める女性もいます。

そんな姿を目の当たりにすると、「子供を育てる」という尊い行いが、職場ではなぜ、こんなにも問題になるんだろう、なぜ、みんな不機嫌なんだろう、と胸が痛む。皆「子は宝」と言うのに、悲し過ぎます。しかも、これは日本だけの現象です。

欧米では女性も男性も家事や育児に参加するのが当たり前で、社会も会社も「お金を稼ぐための市場労働」と、育児や介護などの「ケア労働」を同等に評価しています。育児休暇の穴を埋める専門のスタッフもいますし、男性も育児に参加するのが当たり前ですから、日本のワーキングマザーのような生きづらさはありません。

日本では、妻の家事の時間が２０８分（3時間28分）に対し、夫の家事の平均時間はたったの12分で、国際的に見ても男性の家事時間は圧倒的に少ないのです。つまるところ、日本の働く女性は「男性の働き方」に取り込まれただけ。日本社会は、いまだに育児との両立が難しい仕組みで回り続けています。

ただし、意外に思われるかもしれませんが、日本の育児休暇制度は世界的にも充実しています。ワーキングマザーを大切にした、〝温かい制度〟です。なのにその制度を利用すると、「ワーキングマザーVSワーキングレディー」という残念な構図が生まれてしまうのです。

いずれにせよ、南さんは「迷惑を掛けている」という負い目から、コミュニケーションの取り方に悩んでいるようですが、大抵の場合、ワーキングマザーに不満を抱く周囲は、「ご迷惑掛けてすみません」「いつも助けてくれてありがとうございます。ごめんなさいね」という一言を言ってほしいだけです。

しかし一方で、どんなに優しい、気の利いた一言を添えようとも「突然の事態」が続くと、小さな不満がたまってしまいます。それを防ぐには「情報共有」する。可能な範囲でいいので、同僚が心積もりできる情報を伝えてください。

例えば、子供が通っている幼稚園などで風邪などがはやっていたら、それを伝えるだけでいい。そうすればいざ、子供が風邪をひいて急に休まなきゃいけなくなったときに、同僚たちは「かわいそうに。はやってるって言っていたものね」と子供の心配をしてくれます。あるいは「夫が月末は残業をする日が増えるので、いつもよりも早めに上がらせてもらうかもしれない」と伝えておけば、「だったら彼氏とのデートを月末に約束するのはやめておこう」と、スケジュールを立てるのに役立ったりもします。

そして、あなたに余裕があるときには、「今日は私がやります！」と手を挙げて、同僚を少しだけ楽にしてあげてください。ほんの小さなことでもいいし、ちょっとの時間でもいい。そういった心遣いが、「お互いさま」という気持ちにつながります。

そして、もし、あなたの周りにワーキングマザーがいたなら、「育児との両立は大変だと思うけど、頑張れ！」とエールを送ってください。そして、「子育てってやっぱり大変でしょ？」とねぎらってあげてください。ワーキングマザーはきっと子育ての大変さより、楽しさを話してくれるはず。それを一緒に楽しんでくださいね。

同僚が心積もりしてくれるように自分の状況を情報共有しよう！

転勤、退職される先輩や仲間へ、感謝やねぎらいの気持ちをどう伝える？

私たちは他者の存在を通してしか「自分」に確信が持てない

年度末は異動の季節です。一緒にやってきた仲間、お世話になった先輩に感謝の気持ちをどう伝えたらいいのか、と悩む人も多いのではないでしょうか。そこで参考になりそうなお話を今回はしようと思います。

「私は出世もしなかったし、会社に大した貢献もできませんでした。目立たない存在でしたし、同期でも私のことを覚えてないやつらもいるんじゃないですかね(笑)。でも、退職の日に『僕、星野さんがいるから、頑張れたんです。星野さんの仕事との向き合い方が好きでした。ありがとうございました』って、30代の若い人に言われました。びっくりしましたよ。そんなこと言われたことなかったしね。でもね、思いがけない一言に私は救われました。こんな自分でも、ここで働いていた意味があったんだなって。何かね、無性にうれしかったです」。

静かな口調でこう話すのは星野さん（仮名）です。星野さんの会社員人生はイケイケでもなければ、華々しいものでもありませんでした。管理職になれなかったし、会社から表彰されたこともなかった。そんな星野さんの会社員人生に「光」をともしたのが、一人の社員の一言でした。

誰もが誰かに必要とされたいし、誰もが誰かの役に立ちたいと願います。「あなたがいてくれたから」という言葉は、自分の存在に意味を与え、「人生思い通りにはならなかったけど、捨てたもんじゃない」と思わせてくれる最高の褒美です。

人間というのは、実に厄介な動物で、「他人の評価なんか気にするな」と思う一方で、「他人に認めてほしい」という承認欲求を持ち合わせています。「放っておいてほしい」と思う一方で、「自分の存在に気付いてほしい」と願ったりもする。他者の存在を「面倒くさい」と思う一方で、他者に頼られるとうれしくなったり、「相談なんかされたくない」と思っていても、実際に相談をされたらうれしくなったりもします。

他者とつながることで社会を築いた私たちは、他者の存在を通してしか、「自分」に確信が持てません。だからこそ「あなたがいてくれたから」というメッセージが心に響く。まさにプライスレスです。

ついつい私たちはプレゼントをして感謝を伝えたいとか、気の利いた言葉でねぎらいたいとか、スキルやテクニックに走りがちです。相手を気遣うあまり世間にあふれる「NGワード」を気にし過ぎてしまったりもします。しかし、「生きた言葉」ほど、すてきな贈り物はありません。それは「あなた」にしか送れない最高の贈り物です。

以前、こんなことがありました。

東日本大震災で被災した人たちの力になりたいと、宮城県石巻市の仮設住宅にお邪魔したときの出来事です。そこで出会ったのが70歳くらいの〝お母さん〟。高齢者が暮らす仮設住宅で、〝お母さん〟は、元気で明るいリーダー的存在でした。

「みんなでご飯を食べるのが、一番の心の復興。だから毎食、ここで私が料理しているのよ。どんなときでもご飯だけは一緒に食べようって。みんなで約束したの」

そう語る〝お母さん〟のご飯はとてもおいしい、温かいものでした。山ほど作ってくれたご飯を私が全て平らげたのを、とても喜んでくれました。ところが、半年後再び仮設住宅に訪問したところ、以前見た風景との変わりように驚きました。仮設住宅の周りには新しい家が立ち、コンビニができ、仮設住宅の中で暮らす人たちが激減し、以前感じた活力が消えてしまっていたのです。

「仮設から出て行く人がどんどん増えちゃってね、寂しいねぇ。私も娘が仙台にいて、おいでって言ってくれてるんだけど、私が出て行っちゃうと残されたバッバたちがね。私がご飯作らないと。だからね、うん、私がいないとバッバたち寂しがるから…」

〝お母さん〟はそう話しながら、目を真っ赤にさせた。娘のところに行きたい気持ちと、ここにいなきゃという気持ちに、感情が割れているようでした。私は〝お母さん〟に何か言ってあげたいのに、気の利いた言葉がちっとも浮かばなかった。で、つい「お母さん、頑張ってくださいね」と言ってしまった。これ以上何を頑張ればいいんだというほど、頑張っている人に対してNGワードである「頑張ってください」という言葉を、どうしても言いたくなってしまったのです。

ところが〝お母さん〟は、「ありがとう。ホントにありがとう。頑張ってって言ってほしかったの」と、冷たい手で私の手を握ってくれました。「頑張るね。ありがとう」と何度もくり返しました。

心の底から紡がれた言葉には、相手の感情を動かす強い力があります。あなたも、あなたが本当に伝えたい言葉を伝えてみてはいかがでしょう。できることなら「あなたがいてくれたから、私は○○できた」という〝あなた自身のストーリー〟を添えて。そうすればプライスレスなすてきな贈り物になること間違いなし！です。

「生きた言葉」ほど、すてきな贈り物はない。〝あなた自身のストーリー〟を伝えてみて！

特別会談その2

介護現場の人手不足の解消にはICT／DX化推進が不可欠

会談のお相手

東洋大学 福祉社会デザイン学部
社会福祉学科 教授
高野龍昭氏

介護現場で叫ばれている離職率の改善について、どのような対策が効果的なのか。大学生に対して介護福祉士などの福祉専門職養成教育を行っている高野龍昭教授に、職場環境について、ICT/DXの導入、今、現場で求められていることなどを教えてもらった。そこには、介護現場が目指す未来のカタチがあった。

撮影／山田芳朗　取材・文／玉置晴子

働きやすい職場をつくるのはトップのマネジメント力

河合●高野先生はどのように介護に触れてきたのでしょうか？

高野●私は医療ソーシャルワーカーやケアマネジャーの実務を経験し、現在は東洋大学で介護福祉士などの福祉専門職養成の教育と高齢者福祉・介護保険制度やケアマネジメントの研究を行っています。

高野龍昭
（たかの・たつあき）

Profile●東洋大学福祉社会デザイン学部教授。医療ソーシャルワーカーやケアマネジャー経験を生かし研究。社会福祉士・介護支援専門員

河合●今回、現場を知っているからこそ見えてくる介護現場の問題点などを教えていただきたいのですが、やはり気になるのは介護現場の職場環境。離職率が高く、離職の一番の原因は人間関係とよく言われています。

高野●実は介護現場の離職率は年々下がってきています。'07年に介護現場の離職率が21％以上を記録（※介護労働安定センター調べ）して話題になりましたが、その後、給与を上げたり職場環境改善などの離職を防ぐための取り組みを始め、'23年は全産業の平均より低い13％台を記録するなど年々下がってきています。そこには施設長やホーム長の努力もあると思います。

河合●私は施設長さんやホーム長さんによって現場の雰囲気は大きく変わると考えています。今はまだ、現場のたたき上げの方が就かれることが多そうですが、実はもっとマネジメントできる方の方が向いている気がして。なんなら一般企業で働いて、組織づくりとかマネジメントを経験して介護にも興味を持って

いる人とかが適任かなと。そういう人は難しいんですかね？

高野●やはり経営と現場は異なるので、一つの理念に沿って組織を動かしていく力や人をまとめる力を持っている方がトップには向いていると思います。もちろん現場のたたき上げの方でそれができれば最高ですが。私は学生が就職先を選ぶ際、施設長に会ってお話を聞きましょうと伝えています。どういう理念を持ってどういう組織運営を考えているかがはっきりしているトップがいる施設の方が働きやすいと感じるので。それは利用者の方も同じだと思います。

河合●母は晩年、ホームにお世話になったのですが、入っている間に施設長さんが何回か代わってしまったんですよ。それによりホームの雰囲気はガラリと変わって。かなり驚きました。

高野●最近の福祉施設は、人材マネジメントできるかが本当に大事で。利用者はもちろんのこと、働いている人も居心地のいい雰囲気づくりができる人がトップにならないと厳しいです。

気持ちを共有できる仲間をつくることが大事

河合●トップの方に気にしていただきたいのは、人とのつながり。特に近年のヘルパーさんは孤独で、仕事でたまった不安や疑問、愚痴などを吐き出す場や仕組みがないような気がします。

高野●訪問介護の介護報酬マイナス改定などもあり、業務を回すために一人で判断・実践することが増えています。昔は、訪問が終わったら事業所に来てもらい、お茶を飲みながら状況報告や愚痴を聞いてアドバイスをし合うこともありましたが、今はタブレットに入力して直行直帰が基本。ヘルパーへのサポートがかなりそがれている状況です。ただ人間関係が薄れると、離職が増えたりメンタルを病んだりする人も増える傾向もあるので危険です。

河合●他人と顔を合わせて自分の居場所を再確認することが大事ですよね。例えば悩んだときも、仲間の顔が浮かぶかどうかで変わってくるはずなので。S

離職率の改善で一番大事なのは 信用できる人がいる職場環境

NSやデバイスを使って情報共有を効率化するのはいいと思いますが、たまには同じ空気を共有して、いざというときにあなたがいてくれて良かったと思える関係を築くことが離職を防ぐ大きなカギだと思います。そしてそれが利用者さんとヘルパーさん、介護職員さんとの間であれば、理想の関係のような気がします。あと離職率の話だと給与の問題もあると思いますが…。

高野●こちらは全産業平均に追い付いたわけではありませんが、ここ7、8年間の処遇改善加算の取り組みなどから大幅に改善してきています。とはいえ、やはり福祉という職業を選ぶ時点で、お金よりも社会貢献をしたいとかやりがいや人のつながり

を大事にしたいと思う方が多いはず。そのため、人間関係や職場環境の改善が一番大事な課題になってくるはずです。

リエイブルメントを目指し関わった人がみな笑顔に

河合●人とのつながりの大事さを改めて感じる一方、介護現場にはICTを積極的に取り入れようとする波が訪れています。

高野●これだけ人手が足りない時代になると、ICTを導入することは不可欠です。

河合●ただ使いこなすという面ではまだまだな気がしていて…。

高野●そこが大きな問題で。例えば夜間のおむつ交換で考えたとき、今までは時間を決めて一人一人確認していたわけですよ。交換が必要な人はありがたいですが、そうでない人も起こしていたわけで…。それをICTを使えば、誰が今、おむつの交換を必要としているかが分かるので無駄を省くことができる。ひいては利用者も夜中に起こされないのでありがたいのです。ただ現場では〝気付き〟を大事にしていて、機器に頼らず自分たちの感覚を大事にするべきという声もある。もちろん予算的な面もありますが。

河合●大事なことなのですが、日本の介護現場は〝人間のぬくもり〟をむやみに大切にしてい

ICT機器を使いこなすことで無理のない介護を目指す

る部分はありますよね。そのことにより、介護職員さんたちにいろんなしわ寄せがくるという。

高野●まさしく。ＩＣＴ機器を使いこなすことで職員も利用者の方も皆さんが穏やかに暮らせるのが一番なんですよ。そして国もＩＣＴ機器の分野にはお金を投入し、研究開発が進んでいます。そのような技術を取り入れ、介護職員はそれに頼れるところは頼ると考えを切り替えることが大事だと思います。これから超高齢社会が進み医療福祉ニーズは高まっていく中、人材確保は難しくなりますから。

河合●介護現場の特徴として、働いている方の平均年齢は他業種よりはるかに高いですよね。

高野●訪問介護では、60歳以上が4分の1を超え、50歳以上が半数を超えています。

河合●10年後、その人たちがごそっといなくなる可能性を考えると不安で。もっとテンポラリー（一時的）で入れる人たちを増やすことが必要かなと。会社員が土日だけ、主婦も1週間1回だけとか。ただそうなると質の問題が生まれてきますが…。

高野●介護といえばどうしても専門職というイメージですが、実際はゴミを捨てる、シーツを替える、話し相手をするなど専門的な技術がなくてもできることもたくさんあります。そういう仕事はテンポラリーに任せ、専門職の人はＩＣＴでもなくプロでないとできないことをやっていくと分業ができる気がします。地域の高齢者が施設の高齢者の車椅子を押すなんて光景があってもすてきでしょう。

河合●一方で、私は〝立つ〟ことが人間の尊厳の基本だと思っていて。今の日本は、リハビリをするより本人の楽に寄り添っているように見えるのですが…。

高野●心身機能が良くなる可能性のある人に何もしないのは逆にネグレクトだと思います。デンマークの最近の介護現場のキーワードとして、再びできるようにするという意味の「リエイブルメント（再自立）」という言葉があります。これこそが今、わが国の介護に求められていることです。そのためにデンマークでは、作業療法士さんやヘルパーさんの地域稼働システムを自治体が作っていて、日本でも検討してほしい点です。

河合●立てなかった人が立てたとき、自分でトイレに行けたときは本当にいい顔をする。

高野●それは本人だけでなく関わっている人を笑顔にしますから。まさにそこに介護職員のやりがいがあるような気がします。人の生きざまに寄り添えるという意味では、これ以上の仕事はないはず。日本の介護は現場を見る限り本当に優秀なので、誇りを持って働いてください。

限界を作らず、チャレンジを恐れなければ、利用者の可能性は無限大。これぞリエイブルメント！

第4章

「自分自身への気持ち」について考えよう！

忙しく働く毎日。そんな中、知らず知らずのうちに負担がかかっているのが、自分自身の心と体。100%のパフォーマンスを発揮するために、自分自身のケアも大切に。この章では、そんな「自分自身への気持ち」について、考えてみましょう。

〝非常に厳しい暑さである昨今の夏。どうやって熱中症の対策をする？〟

熱中症は「足音なき症状」と呼ばれるほど手ごわい

天気予報を見るのが怖くなるような「夏」が繰り返されています。「33度」ならまだましで、「38度」だの「39度」だのと、体温以上の気温が予想される異常な暑さです。'24年は「え？　梅雨あったっけ？」と梅雨の記憶を消してしまうほど、「夏」が猛威を振るいました。東京都心では、6月12日に最高気温が30度以上の真夏日を記録。その後は35度以上の猛暑日が全国各地で観測され、7月ひと月の平均気温は、平年を2・16度も上回り、統計を開始した1898年以降、最も高くなりました。気温が1度上昇すると、その地点は緯度にして約1度（約111㎞）南下したことになりますので、日本列島が2度も赤道に近づいてしまったような夏を、私たちは経験しているのです。

そこで気になるのが「熱中症」です。

'24年7月の全国における熱中症による救急搬送人員は4万3195人で、7月の調査を開始した'08年以降、7月としては2番目を記録。これまで最も多かったのは'18年で、5万4220人です。このときは9月は平年並みに戻りましたが、'24年は'23年同様、9月も厳しい残暑となり「災害級の夏」との戦いはまだまだ終わりません。熱中症の最大の恐怖は「まさか自分が」「まさかこんなところで」「まさかこの症状が」と不意打ちを食らうこと。

私の友人はオープン・カフェでお茶をしている最中に、何となく〜くだるいと思っていたら、椅子から立つこともできなくなり、激しい頭痛に襲われるなど、まさかまさかの熱中症を発症してしまいました。「体力には自信があったのに」と本人は嘆いていましたが、3日間も仕事を休む羽目になってしまったそうです。

とにもかくにも熱中症対策が肝心なのですが、熱中症は「足音なき症状」と呼ばれるほど手ごわいのです。夜でも発症するし、気温が低い日でも湿度が高ければ危険です。寝る前に水を飲む、気温が低い日はエアコンで除湿するなどの対策をとってください。

自分のケアに加え、利用者さんのケアもお忘れなく。高齢者は熱が体にこもりやすいので、1時間にコップ1杯の水分補給を促し、さりげなく腕を触って熱のこもり具合をチェックしてみましょう。

寝る前に水を飲むのを「トイレが近くなるから」と嫌がる場合は、温かいミルクなどを準備し、「暑い日は熱い飲み物の方が、よく寝れますよ」という一言を添えてください。昔は「暑い夏こそ熱いお茶を飲むと夏バテしない」とよく言われていましたので、「あら、あなた若いのによく知ってるわね〜」と喜ぶと思います。牛乳は睡眠の質も改善するので一石二鳥です。とにもかくにも、熱中症は最悪の場合、死に至る症状です。65歳以上で、熱中症のため亡くなる人は、半数以上を占めます。やること満載ですが、どうかスタッフで連携して、チームワークで乗り切ってください。

熱中症への警戒と対策への関心は高まりましたが、忘れられがちなのが「冷房病」対策です。冷房の効いた部屋では冷たい風によって皮膚の温度が急激に下がり、血管が収縮するため、屋外に出た途端目まいを起こし転倒したり、軽い貧血を起こしてしまったり、9月ごろにだるさが出たりしがちです。冷えから体を守るには、室内と室外の気温差を5度以内にとどめること。どんなに外が暑くても、5度ルールを徹底してください。

たとえ外の気温が40度に迫ろうとも、設定温度は27〜28度のままの方が体の負担は減ります。外と室内との気温差が大きくなると、自律神経が乱れ、内臓の動きが悪くなったり、血圧のコントロールがうまくいかなくなったり、ネガティブな気分に陥ったりしてしまう場合も少なくありません。そこでおすすめしたいのが、「昭和おじさん風おしぼり攻撃」です。冷房の温度を下げずとも、効率よく涼しくなります。

以前、全身を5つのパーツに分け、体を冷やすにはどこを冷やすのが効果的かを実験で確認したところ、胸と首を冷やすと一気に涼しくなることが分かりました。少々懐かしい風景ではありますが、喫茶店などでおしぼりを出されると、顔から首までグルッと拭うのが「昭和おじさん」の定番でした。おじさんの行動は理にかなっていたのです。少々他人の視線が気になるかもしれませんが、「昭和おじさん風おしぼり攻撃」を試してみてください。利用者さんと一緒にやるのも楽しいかもしれません。

そして、もう一つ。お部屋をブルー系にコーディネートすると、体感温度が2度程度下がることも実験で分かりました。電気代の節約になりますから、これまた一石二鳥です。浮いたお金でみんなで焼き肉でも食べて、体力をつけて、頑張りましょう。

「昭和おじさん風おしぼり攻撃」に
恥ずかしがらずチャレンジしてみよう!

冬の早番と遅番の不規則なシフト勤務、どうやって体調を整えればいい？

冬の寒い中でのシフト勤務は考える以上に心身の負担に

私は寒さが何よりも嫌いです。毎年、9月ごろから「ああ、また冬が来てしまう」と憂鬱《ゆううつ》になり、年末になると「冬消えて！　さっさと消えて！」と呪文のように唱える日々。寒いし、暗いし、眠い、着替えに時間がかかるし、とにもかくにも寒さというものが、この世で一番嫌いなのです。おまけに温暖化に伴い、とんでもない「冬」が到来するようになってしまいました。温暖化＝気温上昇というイメージが一般的ですが、温暖化とは、地球の気候バランスが崩れ、極端な現象が頻発すること。つまり、冷夏・酷暑(暑夏)、暖冬・寒冬、豪雨・干ばつ、が繰り返され、春夏秋冬の四季が、短い春と秋、長い夏と冬といった四季ならぬ二季になってしまうのです。

実際、ここ数年の冬を振り返ると、'17〜'18年の冬は全国的に大きく平年を下回る厳しい寒さになり、西日本の平均気温は平年に比べて1・5度も低く、32年ぶりとなる記録的な寒さになりました。ところが、'19〜'20年は一転して、全国的に「大暖冬」です。特に東日本・西日本ではこれまで比較できる時代の中では最も気温が高い、過去に類を見ない暖冬で、東京では昼間の最高気温が連日10度を超え、九州に至っては朝の最低気温が10度以上に。この大暖冬で新潟の積雪は最大1㎝しかありませんでした。

「冬になると、早番と遅番のシフト勤務が苦痛です。何か体調が優れません。休みの日もやる気が出ず、一日中ゴロゴロしてしまいます。シフトを外れていたときは問題ありませんでした。私の気合が足りないのでしょうか。あまり寒さに強くないことが問題なのでしょうか。不規則な勤務での体調管理法を教えてください」と話すのは飯島さん（仮名・30代）。

飯島さんのようにシフト勤務での体調管理に悩んでいる人は少なくありません。介護や看護に関わる人たちは、冬が嫌いだろうと寒さが苦手だろうと愚痴は許されず、どんなに施設で、ＩＣＴが導入されようともシフト勤務はなくなりません。本当に頭が下がります。しかし、体調の悪さは、気合が足りないわけでもなければ、寒さへの弱さとも関係ありません。「シフト勤務」という勤務形態に、「冬」が掛け合わされると、心身に負担がかかりやすくなってしまうのです。恐らくそれは、皆さんの想像をはるかに超える影響力です。

「ヒト」は霊長類の動物なので、「日が暮れれば眠り、太陽が昇れば活動する」という前提で体の機能はプログラムされています。例えば、朝になると血圧と心拍数は上昇し、昼には血中のヘモグロビン濃度が最も高まり、夕方になると体温が上がり睡眠の準備がスタートします。夜には尿の排出量が多くなり、真夜中には免疫を担うヘルパーT細胞の数が最大になり、成長ホルモンが盛んに分泌されます。

これは「体内時計」と呼ばれています。'70年代初頭に、カリフォルニア工科大学のベンザー博士らが、ショウジョウバエを使った実験で、X染色体の一定領域に体内時計に関わる遺伝子があることを突き止めました。その後、生活のリズムと体内の時計とがうまく同期しなくなると、がんや精神性疾患、代謝疾患などのリスクが高まることが確かめられ、最近は「人の働き方」についても、時計遺伝子の面から調べる研究が進んでいます。

米国の国立がん研究所とハーバード大学の共同研究グループの調査では、シフト勤務の人は夜勤のない人に比べ死亡率が11％高く、夜勤を6年以上続けていると心臓や血管の病気による死亡率が19％も上昇することが分かりました。さらに、15年以上シフト勤務を続けると23％も高まるとの報告もあります。体内時計と生活のリズムとのズレは内臓を〝時差ボケ状態〟に追い込んでしまうのです。

また、冬は日照時間が短く、気分を安定させるセロトニンの分泌が低下するため、鬱《うつ》傾向に陥りやすくなります。日中の最低気温と最高気温の差が大きかったり、前日との気温差が5度以上になったりすると、自律神経が乱れ、手足の冷えやしびれ、首凝りや肩凝り、目まいや立ちくらみなどが起こりがちです。

「夜勤×冬」の勤務では、いつも以上に心と体のメンテナンスに手間をかけてください。ポイントは「光」と「動き」です。起きたら必ず太陽の光を浴びる、晴れた日は20分程度散歩する、曇りや雨のときは家でストレッチをするなどは、時差ボケ解消に効果的です。夜勤明けに昼寝をする人は多いと思いますが、これは疲労回復の助けにはなりますが、残念ながら時差ボケ解消にはつながりません。もし、昼間爆睡した場合でも、夜はベッドで横になる。そして、勤務中も、太陽が出ているときは、施設の庭で利用者さんと日なたぼっこしながら、世間話を楽しむのもグッド！です。
太陽の光は万能薬なので、お試しあれ！

朝の太陽の光は心と体の万能薬
朝起きたら必ず
太陽の光を浴びよう！

"コロナとインフルエンザが流行する季節。自己免疫力をアップさせる策は？"

感染ストレスを感じていると、かえって感染しやすくなる

世界中を震撼《しんかん》させた新型コロナウイルスは、私たちの生活を激変させました。それまで一向に進まなかったデジタル化が一気に拡大し便利になった一方で、感染症への恐怖感を助長しました。コロナ前は感染症といったら「インフルエンザ」くらいで、インフルエンザに感染しても「病院に行けば大丈夫」と安心しきっていましたが、コロナに感染すると最悪の場合、死に至ることや、発症時に軽症でも、後に後遺症に悩まされる場合があることを知りました。インフルエンザでも日本で年間1万人超が亡くなっている可能性があるなど、「決して侮れない感染症だった」とコロナがきっかけで知

った人も多く、コロナ前ならくしゃみ、せき、鼻水…など、「ちょっと風邪気味かも」で済んだ症状も、今ではそりゃあもう大騒ぎです。コロナなのか？　インフルなのか？　感染してないか？と気になることだらけです。

「施設長から『感染させない、感染しない。気を引き締めて！』と言われ続けてもう3年です。いいかげん疲れました」と嘆く声もちらほら。介護職員さんたちの気苦労はたまる一方です。厄介なのは、「感染しないようにしなきゃ」と思えば思うほど、それがストレスになり、かえって感染しやすくなるというあべこべの事態につながってしまうこと。ストレスは免疫力の大敵なのです。

そこで今回は利用者はもちろん、介護職にとっても重要な「寝る、食べる、笑う」の〝幸せ習慣〟でストレスを吹き飛ばし、心と体の免疫力を高める方法をお話しします。

まずは「寝る！」。6時間睡眠を目指しましょう。

6時間睡眠は、その日の疲れをためないために不可欠な時間です。睡眠時間が6時間未満だと狭心症や心筋梗塞の有病率が上昇し、5時間以下では脳・心臓疾患の発症率が増加します。4時間以下になると、冠動脈性心疾患による死亡率が、睡眠時間7時間以上8時間未満の人の約2倍になるという報告もされています。そこで起床時刻から逆算して、寝る時間を決めてください。眠くないときでもベッドに入る。スマホをいじりたくなってもグッと我慢して、目を閉じて、大きく深呼吸を繰り返してください。

次は「食べる!」。朝食をきちんと食べることを目指しましょう。

毎朝朝食を食べる人と、食べない人を比較したところ、朝食習慣のある人の方がストレスを感じていないことが分かりました。また、朝食習慣は1日のエネルギーの充電に役立ち、仕事に集中できます。できれば朝食は家族と一緒に食べる習慣をつけてください。朝食習慣は家族のメンバーのストレス対処力を高め、幸福感を強めます。誰かと共にするルーティンは、生きる力の土台なのです。

そして、最後は「笑う!」。笑いのある生活を目指しましょう。

「笑う」という行為は、体に悪影響を及ぼす物質を攻撃するナチュラルキラー細胞の活性化につながります。ゲラゲラ大笑いしなくても、クスッと笑うだけでも、いいので意識的に笑いの時間をつくる。一日一善ならぬ「一日一笑」です。お気に入りのコントを見る、周りに失笑されようともダジャレを言い続ける、なかなか笑う気分になれないときは、作り笑いでもいいので口角を上げてみてください。

ある施設では「ホームに笑いを！」を合言葉に、利用者さんと一緒に歌ったり落語を聴いたり、時にはおばあちゃんたちに口紅やマニキュアを塗る時間をつくりました。気が付けばホームのあちこちに笑いが生まれ、利用者さんの笑顔が介護職員さんたちの「元気になる力」になっていったそうです。

また、寝る前にホットミルクで入れたココアと湯たんぽを、利用者さんに提供するようにした施設もあります。「甘いね～」と笑顔になり、そこから湯たんぽで下腹部や腰を温めてあげると「温かいね～」と朗らかな表情になり、質のいい睡眠が期待できます。「笑う」と「寝る」の一石二鳥攻撃です！　私も国際線のキャビンアテンダントをやっていたときには、マシュマロ入りのココアなど甘過ぎるくらい甘いココアで、まったり幸せ気分を高めました。甘いものは心を落ち着け、人を笑顔にしてくれます。

自己免疫力アップに加え、感染状況の情報収集もお忘れなく。不意打ちほど怖いものはありません。利用者に感染が拡大した場合、スタッフに感染の疑いが出た場合、利用者さんの日常生活をどう確保するか。家族への連絡はどうするかなどリスク管理を、スタッフ全員で共有してくださいね。その際には、どうかキリキリせずに、深呼吸して、鏡に向かってニッコリ！でね。

「寝る、食べる、笑う」の〝幸せ習慣〟で心と体の免疫力を徹底的に高めよう！

最近、物忘れやミスが多くなってきて、利用者のことを思うと不安を感じてしまう…

間違いは誰にでもある！　年齢の問題にしない意識を

今回は介護職員歴20年のベテラン、春子さん(仮名・68歳)の独白からお聞きください。

「私、とんでもないミスをしてしまいました。利用者さんを他の方のお部屋に誘導してしまったんです。そのお部屋の方が戻ってきて『知らない人がベッドで寝ている』と大騒ぎになって。そのとき、私は洗濯物の処理をしていたので、他のスタッフがフォローしてくれました。それで施設長に呼ばれて、『あなたが気付いていないだけで、今までもミスがあった。仕事を続けるなら緊張感を持ってやってほしい』と怒られました。ショックでした。自分ではミスしてるなんて自覚なかったし、私は自分が年を取って利用者さんの気持ちが分かるようになったからか、仕事が前よりも楽しくなっていました。でも、辞めなきゃですよね。若いときに比べると、忘れっぽくなったし、覚えるのにも時間がかかるようになったし。介護職員のミスが利用者さんの命を脅かす可能性だってありますから…。本当はまだ辞めたくない。この先どうすればいいのか決められずにいます」

確かに、介護現場のミスはご法度です。しかし、同世代の介護職員さんほど利用者さんにとって心強い存在はいません。「私もこの間こんな失敗しちゃってね」だの「えーとあれあれ、何でしたっけ？」だのと介護職員さんが話してくれるだけで、「ああ、私だけじゃなかった」とホッとするのです。時には昔話に花が咲き、盛り上がることもあるでしょう。若い介護職員さんには、恥ずかしくて言いたくない本音も、同世代の介護職員さんになら言えたり、弱音を吐けたりもします。ケアする人、ケアされる人となりがちな施設での関係性が、お友達のように、心と心の距離感が縮まることで、生活にハリが出る利用者さんもいることでしょう。

ですから、春子さんには、もうひと踏ん張り頑張ってほしいです。自分のミスを許せないという気持ちも分かりますが、人生100年時代です。多少周りの助けを借りながらでも、春子さん自身が「もうやり尽くした」と、心の底から納得できるまで続けてほしいと心から願います。

そもそも間違いや物忘れは誰にでもあります。年齢の問題ではありません。イライラやモヤモヤ気分で働いていると集中力が低下しますし、職場の人間関係が悪く、風通しが悪いと、情報の伝達もうまくいかず、結果的にミスが増えます。「私」の心は「私」の中にあっても、「私」だけで動いているわけじゃない。自分の半径3メートル世界の他者との相互作用で成り立っています。

また、ミスが起こる原因は決して一つではありません。うっかりミス、能力不足によるミス、緊張によるミス、ルールを守らなかったことで引き起こされたミス、難しさによるミス、予測を誤ったことから生じるミスなどなど…。つまり、大切なのは「人は間違いをする」という当たり前を、職場で共有し、間違いを未然に防ぐ対策を取ることです。

重大な事故の8割は人為的ミスで、1つの大事故の背後には300の未然の事故が潜んでいる――。これはハインリッヒの法則と呼ばれ、アメリカの損害保険会社で働くハーバート・ウィリアム・ハインリッヒが、膨大なデータを分析して発見した法則です。未然の事故はヒヤリハットとも呼ばれ、ミスはしたけど、結果として事故には至らなかったことを意味します。

重大な事故を防ぐには、次の4つの「チームコミュニケーション」が必要です。

1.「ヒヤッとした」という状況を、個人がちゃんと報告できること。
2.それをチームで共有し「自分ごと」にする。
3.ヒヤリハットが、なぜ、起きたのか？を状況分析する。
4.3の分析に基づき、予防策を考え、実行し、徹底する。

例えば、病院に入院すると、手首に名前などが書かれたタグを着けさせられ、個人専用の薬箱が用意され、声出しによる相互確認が看護師の方たちの間で行われるのも「ヒヤッとした」という状況の把握から予防策を講じたものです。

介護の現場でも「ヒヤッとした」という状況を言い合える空気をつくるのが最善策。本人が気が付かない「ヒヤリハット」もありますので、お互いに「あれって…」と指摘し合うことも必要です。若手がヒヤリとしたベテランのミスを指摘するのは気が引けるかもしれませんが、「いい施設にしたい。利用者さんの笑顔を大切にしたい」という気持ちを共有し、互いに支え合ってミスを予防した方がいいに決まってます。

そういう職場は温かい、働きやすい職場です。何かと他人のミスを責め立てる傾向が今の日本社会にありますが、せめて「あなたの職場」だけは「ミス＝ヒヤリハットを言える職場」にしてください。自分のためにもぜひ。

「人は間違いをする」という当たり前を職場で共有し間違いを未然に防ぐ対策を

介護は体力が必要な仕事だからツラいので、もっと他にいい仕事はないかと思ってしまう

体力がいるからツラいと思ってしまう＝介護職失格ではない

介護施設に足を運ぶと、介護職員さんってつくづく体力がいる仕事だなぁと、痛感します。自分より大きな利用者さんをベッドから車椅子に移動させたり、お風呂に入るときは転ばないように支えたり。常に動き回っていて、ゆっくりと座る暇もありません。利用者さんとの会話も、おじいちゃん、おばあちゃんの目線に合わせるために腰をかがめるので、まるでスクワットです。「介護支援ロボット」を導入し、身体的負担を軽減させる試みも増えてきましたが、それでも最後は「人」。介護職が体力のいる仕事であることに、変わりはありません。

「体力はキツいけど、介護の仕事は好きなので頑張るつもりでした。でも、自分の体力の衰えなのか、疲れているだけなのか分かりませんが、最近はツラい、って思うことが増えてしまって。もっと他にいい仕事はないかって思ってしまうんです。こんなふうに思ってしまう私は介護職失格なんでしょうか。いっそのこと、転職した方がいいのでしょうか」川添さん（仮名・30代）。

こんなお悩みを打ち明けてくれた川添さんは、学生時代は陸上部だったそうです。自分は体力がある方だと信じていたのに、今はツラい。体がキツいと心も弱りますから、気分転換もできず、挙げ句「介護職失格かも」などと弱気になってしまったのです。

もちろん「転職をしたい」と思うなら、いったん外に出てみるのもいいかもしれません。しかし、「体力がいるからツラいと思ってしまう」＝介護職失格、ではありません。ましてや、「ツラいならさっさとお辞めなさい」なんて無責任なアドバイスは私にはできません。だって、どんな仕事も体力は必要です。「体力ゼロでオッケー！」なんて仕事は聞いたこともありません。

ちょっとだけ、個人的な話をさせてくださいね。私は「空を飛び、空模様を予想し、心模様を見る」キャリアを歩んできました。国際線の客室乗務員として初フライトを終えたとき、「ただの肉体労働じゃん」とショックを受けました。ステイ先のホテルまで移動する車内で、先輩CAが歌を歌ってケラケラ笑っているのを見て、「私には無理。こんな体力ない」と自信喪失しました。気象予報士第1号として、夜の情報番組に出演していたときは毎晩帰宅は深夜でしたし、朝の番組のMCをやっていたときは、深夜2時起きで、3時にテレビ局入りという生活を4年間しました。

その後は大学院に進学したのですが、研究者仲間との合言葉は「研究者に必要なのは体力だけ！」でした。自分の能力の低さを嫌というほど突き付けられる日々は地獄でしたが、「必要なのは体力だけ！」と仲間と声を掛け合って何とか博士課程まで終えることができました。今は原稿を書く時間が仕事の6割くらいを占めていますが、毎日、締め切りがある生活に耐えるには、体力を万全にするしかありません。なので、朝食はしっかり、きちんと栄養のあるものを食べています。どんなに忙しいときでも、週に2回は1時間程度運動をし、できる限り歩くようにしています。「ツラい、もう辞めたい」と思うことはしょっちゅうありますが、ツラくて辞めたことはありません。

いろいろな仕事をしていると思われるかもしれないけど、私の中では一本道。「もうムリ～！」「もうダメ～！」とブー垂れながらも辞めなかったからこそ、次にやりたいことが見つかり、結果的に「空を飛び、空模様を予想し、心模様を見る」というキャリアを歩んでいるのです。

川添さんも「好きな介護の仕事」を辞める前に、まだできることがあるのではないでしょうか。辞めるのはいつでもできますから、まずは「体を元気にする習慣」に取り組んでみてはいかがでしょう。通勤のときに一駅分歩いたり、エスカレーターを使わずに階段で上り下りしたり、毎晩お風呂上がりにストレッチしたり。「ちょっとだけ体育会系」を日常のルーティンにして体力維持に努めてみる。ただし、嫌いなことは続かないので、「これだったらできそうかな」ということから始めてください。

体力をつける基本は、よく食べて、よく寝て、よく遊ぶです。そして、施設で働く間も、体力を温存できる方法をみんなで話し合ってみてください。例えば、交代で10分程度座って休憩する、腰に負担がかからないようにサポーターを巻く、長期休暇を取れるようにする…などです。

それでも介護の仕事がキツくて耐えられないなら、そこで辞めればいいのです。繰り返しますが、辞めるのはいつだってできます。年を取れば取るほど、体のメンテナンスのプライオリティは高まりますが、「それも仕事」と割り切った方が楽になったりもします。

ちなみに私が「体を元気にする習慣」を始めたのは、30代半ばになってからです。それまでは夜遊びをしても、次の日元気に働けたし、朝ご飯を適当にしても体調を崩したりしなかった。ところが30代のときに、疲れるとじんましんが出るようになり、「このままじゃやばい！」と食生活を見直し、運動習慣も取り入れました。今はめちゃくちゃ元気で、かなり長生きしそうです！

辞めることは いつだってできる まずは 「体を元気にする習慣」を！

責任ある仕事を任されそうなので、辞めようかどうするか悩んでいます…

できるならば今のままで利用者のケアに専念したい

私はかれこれ20年以上、フィールドワークとして働く人たちをインタビューしてきました。職業も年齢も多種多様で、人数は1000人以上です。現場の声に耳を傾けていると、「働く人の意識の変化」をリアルに感じ取ることができます。その中で時代と共に大きく変わったと痛感するのが「出世」に関する問題です。

管理職になれないからやる気が出ないのか？　管理職にならないと賃金が上がらないからやる気が出ないのか？

'13年9月、厚生労働省のある調査結果をきっかけに、こんな議論があちこちで巻き起こりました。「3人に1人がマンネンヒラ」という調査結果に、深いため息が社会に広がったのです。この頃は、出世するのが当たり前で、現場の仕事をやり続けるのは「仕事ができない人」と思われていました。ところが今は違います。数年ほど前から、出世したがらない若者が急増し、「責任が増えるだけ」「残業が増えるだけ」「雑用が増えるだけ」と〝増え増え不満〟を爆発させ、今まで通り「普通に働きたい」と出世を拒否するようになっていったのです。介護の現場も例外ではありません。山藤さん（仮名）も〝マンネンヒラ〟を希望する一人です。

「主任になっちゃいそうなので、辞めようかどうするか悩んでいます」

こんなお悩みを話してくれた山藤さんは、20代後半、入社してまだ半年しかたっていません。しかも、主任になった、のではなく「なっちゃいそう」とおびえていました。

「できれば今のまま利用者さんのケアに専念したいんです。やりがいもあります。でも、先輩2人が辞めてしまい、主任も辞めてしまいました。順番的に僕が主任になっちゃう確率が高い。年上の女性スタッフもいるのですが、女性はよほどの熟練者じゃないと昇進しません。僕は責任のある仕事は向いてないので、主任になるくらいなら、辞めた方がいいんじゃないかって。辞めて転職する以外、昇進を回避する方法が見つからず悩んでいます」

入社して半年で出世とはまれなケースとは思いますが、もし、山藤さんが懸念している通りの事態、すなわち「主任の辞令」が下りたら、辞めるのではなく受けてほしいと私は思います。

主任になっても、利用者さんのケアはできますし、今の仕事にやりがいを感じているならなおさらのこと。もちろん責任を嫌う気持ちはわかります。でも、責任のある仕事は向いてない、と決めつけていますが、本当でしょうか。実際やってみたら「ん？結構自分にあってるかも」なんてこともあるかもしれません。人は自分のことを案外知らないのです。それに上司や先輩の力を借りれば、大嫌いな責任が「自分の存在意義」に変わります。はい、確実に変わりません。大丈夫です。安心してください。

その鍵を握るのが、「一人きりで頑張らない」です。

出世して「肩書」ができると、「人に頼っちゃいけないんじゃないか」「人に弱みを見せちゃいけないんじゃないか」と思いがちですが、会社＝施設はチームで成立しています。分からないことがあれば先輩に聞いてください。一人で心細いときは「力を貸してください」と素直に言えばいい。

「そんなことしたら、『できないヤツ』と思われちゃうんじゃないか」なんて心配は無用です。部下に頼られて、嫌な気分になる人はいません。人には「誰かの役に立ちたい」という欲求があります。「後進育成とか面倒くさい」と日頃言っている上司や先輩であっても、部下に頼られれば「何とか力になりたい」と心が自然に動きます。それは上司や先輩が、「自分の存在意義」を見いだす瞬間です。新米主任が頑張っている姿を見れば、上司や先輩も「自分も頑張ろう」とやる気がチャージされます。

そういう人間関係ができればみんなが生き生きと働くことができる。その好循環の担い手に山藤さんがなればいいと思うのです。

仕事とは不思議なもので、適当にやっていると大したことは起こりませんが、「自分には責任がある」という自覚を持って、踏ん張っていると必ずエールを送ってくれる人に出会います。お手上げをして嘆いてばかりいる人を助けることはできませんが、何とかしたいと前を向いて歩こうとする人には、みんなが手を差し伸べるものです。特に施設の人生の先輩＝利用者さんはいつだってヘルパーさんの応援団です。

周りの「傘」を借りて、目の前の仕事をきちんと丁寧にやれば、山藤さん自身が「そっか。自分でいいんだ」と小さな自信を手に入れる瞬間にきっと遭遇することでしょう。

上司や先輩の「傘」を借りて頑張れば、大嫌いな責任が「自分の存在意義」に変わる！

あなたの体は大丈夫？

カラダのストレス度注意報

河合式チェックリストで確認！

日々の疲れから体に不調は表れていませんか？　最近1週間のあなたの「体の状態」について、次の項目に当てはまるものに○をつけてください。○を1点として合計点を計算してください。その点数によってストレス度を判定します。体の悲鳴は「心」からきている場合もありますので、42ページで心のチェックもやってみてください。

		はい
1	頭がすっきりしない・頭が重い	
2	目がよく疲れる	
3	鼻づまりすることがある	
4	耳鳴りがすることがある	
5	口の中が荒れたり、ただれたりすることがある	
6	喉が痛くなることがある	
7	肩が凝りやすい	
8	めまいを感じることがある	
9	おなかが張ったり、痛んだり、下痢や便秘をすることがある	
10	動《どう》悸《き》がすることがある	
	合計	点

あなたのカラダのストレス度は？

点数	判定	
0-1	問題なし！ 晴れ	全く問題ありません。週末は気分転換をするなどして、晴れが続くようにしてくださいね。
2-4	注意報！ ストレス雲接近	ストレス雲が発達しながら近づいています。よく寝て、たくさん食べて、思いっきり笑って、体力・気力の強化に励んでください。
5-7	警報！ ストレス雨模様	ストレス雨にぬれているようです。休養が必要です。上司や同僚に相談をして、2～3日間の休みを確保してください。
8-10	特別警報！ ストレス暴風雨	ストレス豪雨にびしょぬれです。これ以上、一人きりで頑張らないでください。できれば産業医などの医師に、体の状態(上記で○をつけた項目)を相談することをお勧めします。

※このチェックリストは、著者・河合薫が独自に作成したものでスクリーニングなどに使用できるものではありません。日常のセルフチェックとしてご利用ください。

第5章

「スキルアップに対する気持ち」について考えよう!

人として成長するためにもスキルアップは必要です。しかし、日々の忙しい仕事の中、なかなか勉強の時間が取れなかったり、自信がなかったり、不安だったり。この章では、そんな「スキルアップに対する気持ち」について、考えてみましょう。

“入社して1カ月が過ぎ、研修と現場のギャップに戸惑っています…”

介護職は〝感情労働〟。利用者が笑顔になればOK

1カ月の研修期間が終わり、「いざ出陣！」と意気込んではみたものの…、研修がちっとも役に立たない！　あんなに苦労して泣きながら必死に毎日頑張ったのに、何で！――　そんな悲鳴を上げている新人さんも多いのではないでしょうか。

「資格を取り、研修を受け、やっとヘルパーになれたのに、研修と現場のギャップに戸惑っています。業務に追われて時間に追われて余裕がないし、利用者さんとしっかり向き合えない気がして。研修で教わった介護が全くできていないのです。学んだ通りのことをやっても、利用者さんが不機嫌になられてしまったりして、コミュニケーションもうまくできません。介護職としての自信が全く持てません」

こんなお悩みを寄せてくれたのは、原田さん（仮名）、20代の新人介護職員さんです。まず前提として、研修で教わるのはあくまでも「基本」です。「理想の介護」といってもいいかもしれません。一方、〝現場〟は常に予測不能です。だって、介護の現場にいるのは「人」。この世で最も不確かでコントロール不可能なものが「人」ですから、研修と現場にギャップがあって当たり前なのです。

ただし、そのギャップもちょっとだけ視点を変えると、研修を役立たせることが可能になります。名付けて「はて？攻撃」。研修で教わったことを「ただやる」のではなく、具体的には3つの「はて？」で立ち止まる癖をつけてみましょう。

一つ目の「はて？」

日々のケアをするときに、「はて？　なぜこのやり方や手順でやるのかな？」と意識してください。現場で脳内の「はて？」を生かしながら動くと、それまで見えていなかった「大切なこと」が見えてきます。例えば、「なぜ、排泄《はいせつ》のケアをするときに、この順番なんだろう？」とか、「なぜ、ここで利用者さんに確認を取らなきゃいけないのだろう？」とか。研修で教わった介護スキルを、目の前の利用者さん＝「人」が介在する現場で「なぜ？」と意識するだけで、使えるスキルになることが期待できます。時には「こっちのやり方の方がいいのでは？」とアイデアが浮かぶかもしれません。そのときは、先輩や上司に「〇〇でやってはいけないのでしょうか？」と、そう考えた理由も交えて聞いてみてください。

二つ目の「はて？」

ケアをするのは自分ですが、「もし、自分が家族だったら、どうするだろう？」「もし、自分が施設長だったらどうするだろう？」と、自分ではない他者になった気分で、研修で学んだケアを「はて？　なぜ、こうやるのかな？」と考えてみましょう。人間には思考のクセのようなものがあって、自分では気付かないうちに「思考のクセ」で物事を理解してしまいがちです。「研修が役に立たない」と思ってしまう思考のクセも、誰かの視点に立てば「そっか！　こういうことね！」と、全く違うものに見えることがあります。

三つ目の「はて？」

最後は、利用者さんへの「はて？」です。研修で学んだ「スキル」ではなく、「心」で利用者さんの気持ちを感じる「はて？」です。「〇〇さん（利用者）のご機嫌はいかがだろう?」と常に考えながらサービスをするのです。例えば、食事の介助では、最初に利用者さんと同じ高さに目線を下げ、孫になったつもりでゆっくりと、「今日のお洋服きれいですね」「とても顔色がいいですね」と話しかけて、食事を楽しんでいるか、食欲はあるか、を探ってください。

以上の3つの「はて?」を続けていくうちに、頭で理解していた研修の内容や、覚えたスキルに「心」が加わります。知識だけでは駄目、経験だけでも物足りない。現場で学び、現場で悩み、現場で熱くなる経験で人は成長するのです。

そして、もう一つ。介護のお仕事は「感情労働」ということを、決して忘れないでください。感情労働とは「感情」を労働の一部として提供している労働のこと。かつて肉体労働者が自分の手足を機械の代わりに動かし、モノを生産したように、感情労働では絶えず相手の要求や主張、クレームを受け止め、それが理不尽なものでも自己の感情を押し殺し、穏便かつ的確なサービスの提供が求められます。研修で学んだ通りの介助をしても、利用者さんが不愉快になったら意味がありません。逆に、たとえ研修で身に付けたスキルとは全く違うやり方でも、利用者さんが笑顔になれば大丈夫です。利用者さんの「安心・満足」が感情労働の成果物なので、そこに笑顔が加われば100

点満点です。

　人生の最終章に「光」を照らす、大変だけれど温かいのが介護職という職業の本質です。現場で覚えた戸惑いを、先輩に相談し、先輩のやり方も教えてもらってください。

　介護の現場が素晴らしいのは、人生の先輩である利用者さんが教えてくれることが多い点です。どうかたくさんの傘を借りながら、決して焦らず、一歩一歩前へ進んでください。頑張れ、新人さん！

“現場で学び、悩み、熱くなる経験で人は成長する！”

自分自身を振り返る査定の自己評価は、高く書くべきか、謙遜するべきか…

自己評価は何のためか？　それを考えれば答えは出る

「管理職になって、一番やりがいを感じているのは人事評価です。自分の評価次第で、部下の人生が変わるかもしれないですから、責任は重いし、査定の時期になるとぐっすり眠れなくなります。でもね、そういう苦労があるからこそ、やりがいを持てる。部下の自己評価と私の評価に大きなギャップがあるときって、私が何かを見落としてるか、思い込みがあるかのどちらかでしょ。それを面接する中で見つけるのが、言葉は悪いのですが、結構楽しいんです」。

以前、管理職層を中心にインタビューしたとき、こう話してくれた男性がいました。評価される方からすれば、「そんなことにやりがいを感じるなんて勘弁してほしい」と思うかもしれませんが、管理職の醍醐味《だいごみ》に人事評価を挙げる人は決して少なくありません。くだんの男性のように、本人の評価とのギャップを楽しむ人もいれば、自分の評価で部下自身が気が付いていなかった「自分の強み」を知り、能力を引き出すきっかけになったことを喜ぶ人もいました。

一方で、苦労として管理職が口をそろえたのは「部下の自己評価が過剰に高いときの対応だとか。自己評価は3割増しとよく言われますが、まれに「自己評価大増量！」の部下もいるので、部下の自尊心を傷つけないようにするのに悩むそうです。

部下は部下で「おやおや」と失笑されて自己評価大増量！と思われるのは嫌だし、かといって「あらあら随分と控えめだね」などとアピール下手に思われるのも困ります。ちょっと苦手な〝アイツ〟にだけは負けたくないときや、自分なりにかなり頑張ったときには心底悩みます。どれくらいのさじ加減で書けばいいのか？　どこまでが謙遜で、どこからが不遜なのか？　査定前に眠れないのは管理職だけではありません。現場のスタッフも同じなのです。

そもそも部下が「自己評価」を行うようになったのは、'00年代に入ってからです。それまでの評価は上から下への一方通行でしたから、部下にとって上司はキャリア人生の最大のリスクと言われていました。それでも'90年代初頭までは、年功序列や年功賃金、長期雇用が当たり前でしたから、まだ良かった。ところがバブルが崩壊し、企業がリストラを行い、成果主義を取り入れたことで、部下たちのジレンマはたまっていきます。成果をうたいつつも、何をもって成果とするか？が曖昧だったからです。そこで米国から輸入されたのが、「経営の父」との異名を持つ、ピーター・ドラッカーが提唱した「目標管理制度＝ＭＢＯ」です。

ＭＢＯは、会社の方針と社員が目指したい方向性を擦り合わせ、一人一人が目標を設定し、自らが目標到達までを管理することにより、業務効率やモチベーションの向上につなげるマネジメント方法です。

とはいえ、日本とは文化の異なるアメリカ生まれの手法ですから、日本人にはなかなかなじみません。そこで企業は、部下との面接を重視するなど工夫した「わが社版ＭＢＯ」を取り入れているのが現状です。つまり、会社が社員に自己評価を求める最大の理由は、部下の主体性の向上です。社員が自分自身を振り返ることで改善点を見つけ、上司と話し合う中で次の目標を考え、ちょっとだけ踏ん張って大きくなってほしいという期待です。そのプロセスをサポートし、指南するのが、本来の上司のお仕事なのです。

自己評価の目的が分かれば、あとはその目的に沿って自己評価をするだけですから、次の3つのポイントを外さないようにしましょう。

1. 目標は達成できたか？
2. どうすればうまくできたか？
3. これからもう一踏ん張りするには、具体的に何をどういう気持ちでやればいいか？

1は「自己アピール」、2は「自分の反省点」、3は「仕事への情熱と次の目標」です。3つのポイントに沿って、短文かつシンプルに、実際にあった出来事や数字を自己評価に生かしてください。

例えば、前回の自己評価で「残業時間の削減」を課題にした場合、自分が工夫した点と、「10％削減。10時間減」といった具体的な数字を入れて「自己アピール」します。ここで終わりにするのではなく、自分がやろうと思ってできなかったことを「反省」し、最後に、こうありたい理想の自分像＝「情熱」と、次の自己評価までに絶対にやろう！と考えている「次の目標」を上司に伝えればＯＫです。「スキルアップした」「頑張った」などの自己評価は、具体性がないので、なるべく使わない方がいいでしょう。

いずれにせよ、介護現場の本当の評価者は、上司ではなく利用者さんです。おじいちゃん、おばあちゃんの笑顔が一回でも増えるように、小さなことでいいので工夫してみましょう。地位や名誉より「愛」を大切にね。

会社が期待するのは社員の成長。
自分自身を振り返ることで改善点を見つける

他人からの評価と自己評価にギャップがある。どう解消すればよい？

「本当の私を見てほしい」という願望は誰にでもある

「結局は上司の好き嫌いで評価が変わっているように思えてなりません。私が中途入社であることも、評価されない原因になっていると思うんです。利用者さんのためだと考えた行動でも、余計なことをしてくれるな、みたいな目で見られてますから」

こう話すのは異業種から転職した下園さん（仮名・36歳）です。彼女は医療現場に関わっていた経験を、介護にも生かしたくて介護職になりました。最初は戸惑うことも多々ありましたが、今は利用者さんや家族から感謝されることも増え、介護の仕事にやりがいを感じています。しかしながら同僚や上司には、あまり評価されていないと感じることもあり、そのむなしさから、やる気がうせ始めているそうです。

「本当の私を見てほしい」「本当の私を認めてほしい」という願望は、誰にでもあります。特に「何であの人が？」「何で私じゃないの？」などと悔しい思いをすると、「私はしょせん、中途だし～」と嘆き、「上司との相性が悪いし～」と言い訳し、「あの人、上手なんだよね～」と高く評価された同僚に嫉妬したりと、ネガティブな感情に振り回されます。ただただ「本当の私をちゃんと見てほしい」だけなのに、弱った心が〝嫌な私〟にハイジャックされてしまうのです。

少々大きな話になりますが、社会的動物である私たちは、他者と協働することで生き残ってきました。自分が生き残るためには他者から「この人と力を合わせたい！」とみなされる必要があります。そのため人間は「他者にどう評価されるかを気にするようになった」と考えられています。しかも、大抵の場合、人は自己評価を高く見積もっているので、かなり厄介です。

例えば「あなたのリーダーシップ能力は、このクラスの中で上から何％くらいですか？」という質問をした場合、「上位20％」と答える人の割合は、「上位80％」と答える人より圧倒的に多く、「半分より下」と答える人はごく少数しかいないという調査結果があります。また「自分は運転の能力が高いから交通事故を起こさない」「自分は他の人より意志が強いからいつでも禁煙することができる」といった根拠なき自信を抱く傾向も強いとされています。

これらは「平均以上効果」と呼ばれ、進化の過程で人間が身に付けた基礎的な性質です。このちょっとだけ高い自己評価と、他者評価のギャップが、「私のことを分かっていない」「私は評価されていない」といった不満につながるのです。

では、ギャップを解消する手だてはあるのでしょうか？　残念ながら答えはノー。人が人である限りギャップはなくなりません。

ただし、選ばれる人になることはできます。

誰に対しても大きな声であいさつをする人、礼儀正しく振る舞う人、地道に頑張っている人、人が嫌がるような仕事を黙々とやる人…。そういった日常の具体的な行動は「あの人、いいね！」と、他者の心を動かします。

「下園さん、いいよね！　やってもらいましょうよ」と何かのチャンスを与えてもらったり、「下園さんの方が、○○さんより適任だと思うよ。すごい努力してるもの。異業種での経験とかも役立つんじゃない」と高く評価してもらえたりすることでしょう。

人間の感情はささいなことで揺れ動きます。相手の年齢や役職、性別や国籍などに関係なく、誰に対しても誠実に向き合い、どんな地味な仕事でもきちんとするだけで、他者の心を引き寄せられます。

腹の底から真面目にやっていると、それをきちんと見ていてくれる人がいるものです。世の中、案外捨てたもんじゃないのです。自分が思うほど評価されていないと感じたら、まずは、大きな声であいさつすることから始めてみてください。幼少の頃教わった、素朴な人としての振る舞いをちゃんとやるだけでいいのです。

それでも「何か違う」と感じたら、他者評価は自分を知るチャンスだと考えてください。いつだって他者は「私」を映し出す鏡です。自分を知ることは他人を知るよりはるかに難しいのです。

かくいう私も評価されない歯がゆさを何度も経験しました。でも、あるとき、評価されない未熟さが自分にある、と気付きました。逆に、評価されると調子に乗り謙虚さを失っていたようにも思います。自己評価と他者評価のギャップの大きさは、まだやるべきことがたくさんあるということ。ならば、ギャップに悩むよりも、次につなげた方がいいですよね。

そもそも人の評価なんてものは、一夜で簡単に変わりますし、自分が思うほど相手は自分に興味を持っていません。

そんなもろいものに、悩むなんてもったいない。「あなた」が他者評価とのギャップに悩んでいるとき、「あなた」を評価しなかった他者は、のんきにパフェでも食べているかもしれないのですから。

他人からの評価は自分を知るチャンスだと考えてみよう！

サービスが時間内に終わらない。掃除や洗濯が重なると…もう無理！

限られた時間で一人でサービスをこなすのはベテランでも手こずる

介護現場は慢性的な人手不足なので、一人当たりの業務量が「これでもか！」というくらい膨大になってしまいました。施設なら誰かにヘルプを頼むことも可能ですが、訪問介護では、それもできないので「ぎゃー!! もう無理!!」と叫びたくなることも。おかげで介護職員さんは、時間との戦いでストレス満載です。

「半年前から訪問介護に転職しました。施設でも時間との戦いでしたが、訪問介護ではそれと比べものにならないくらい、時間に追われ、泣きたくなります。おむつ替えや車椅子移乗などは早くできるのですが、お掃除や洗濯などが加わったサービスになると時間がかかってしまいます。もっとうまくなりたいのですが、どうしたらいいでしょうか」草野さん（仮名・30代）訪問介護職。

草野さん、本当にご苦労さまです。全国の介護職を対象に行った調査では、4割超の人が「人手不足で業務量が多い」と答えているなど、限られた時間で一人でサービスをこなすのはベテランでも手こずっているようです。ICTなどを使って効率化し、介護職員さんの負担を軽減する施設も増えてきましたが、訪問介護ではそれも期待できません。

少しでも余裕ができれば、利用者さんと向き合う時間も確保できますが、慌ただしくサービスだけをこなしていると、利用者さんの満足度も低下しかねません。焦れば焦るほどうまくできずに、余計な時間がかかるようにもなります。ただ、草野さんの場合は、早くできるものとできないものが明確なので、サービス全体と、不得意な掃除・洗濯のサービスに分けて「時短必殺イメトレ法」を取り入れればなんとかなるかもしれません。

〈サービス全体〉

1. やることを、一つ一つ付箋に書き出してください。

2．利用者さんのおうちをイメージしながら、どの順番でやればスムーズに流れるかを考え、付箋を並べてみましょう。
3．2で並べた付箋の順番通りに、何度もイメージトレーニングをしてください。「こっちが先の方がいいかも」と思ったら、順番を入れ替えてみましょう。最低でも5回はイメトレをして、最もスムーズに流れる順番を作ってください。

〈お掃除・洗濯のサービス〉

1．お掃除のサービスを分解しましょう。どこの掃除を、何を使って、どういうふうにやるのか？を、それぞれ付箋に書き出してください。例えば「どこを＝寝室を、何で＝掃除機で、どう＝じゅうたんをきれいにする」。「どこを＝リビングを、何で＝雑巾で、どう＝拭き掃除する」といった具合です。
2．1と同じように、洗濯のサービスも分解して、付箋に書き出しましょう。
3．1と2で書き出したそれぞれのタスクを、サービス全体の項目でやったように、どの順番でやればスムーズに流れるか？をイメージし、並べてみましょう。例えば、リビングの掃除で使う雑巾を、洗面所に取りに行ったときに、洗濯ものを洗濯機に入れてセットする。その後リビングに戻って雑巾で拭き掃除をする、といった感じで、イメトレしながら並べてみましょう。

この「時短必殺イメトレ法」でイメージした通りに、現場でサービスをしてください。掃除や洗濯が不得意なのは、無駄な動きが多いのが原因です。タスクを分解すると、その無駄をなくすことができます。さらに、イメトレを徹底しておけば、頭でその都度考えなくても、自然に体が動くようになります。バレリーナになった気分で、利用者さんの家＝舞台を踊るように、サービスしてみてください。

そして、空いた時間で利用者さんとのコミュニケーションを心掛けてください。3分間もあれば十分です。そして、もし、利用者さんにもお手伝いできそうなことがあれば、「一緒にやってみませんか？」と声を掛けてみるのもいいかもしれません。「自分でまだできる！」という自信につながります。

また、「時短必殺イメトレ法」をマスターすれば、自宅での家事も効率的にできます。そこで空いた時間は、自分のために使ってくださいね。業務量の多さは、体にも心にも負担になります。サービスをスムーズに行うためには、疲れをためない、気分をリフレッシュする、たくさん笑うなど、自分のメンテナンスも忘れずにね。

「時短必殺イメトレ法」で タスクを分解し無駄をなくす！

国家試験が近く、仕事をしながら勉強する時間をどうつくればいい？

勉強はしたいけれど、仕事を休むのは難しい

キャリアアップしたい。でも、働きながら勉強するのはしんどい——。こんな悩みを抱える人は多いのではないでしょうか。介護福祉士を目指す杉田さん(仮名)もその一人です。

「先輩から介護福祉士の資格取得を勧められました。給料は上がるし、転職にも有利ですし、管理職になる道も開けます。私は介護の仕事は好きなので、長く勤めるためにも取ろうと思っています。でも、仕事をしながら勉強する時間が取れず、気持ちばかり焦ってしまって。短時間で効率良く学べる勉強法を教えてください」

介護職のキャリアアップは、国家資格である「介護福祉士」を目指すルートに一本化されているので、杉田さんの言う通りぜひ取ってもらいたい資格の一つです。勉強するだけで、日々の仕事に役立つ知識も増えるし、資格を取った経験は、自己効力感の強化にもつながります。

自己効力感とは「自分にはできる」といった自己の行動に対する確信で、プレッシャーや厳しい状況への対処に役立ちます。「私にはムリ」と思っていると何事も成し遂げられませんが、「自分にはできる。精いっぱいやろう！」と自分を信じられれば、人間が秘める内的な力が引き出されます。また、自己効力感は自尊心と混同されることがありますが、自尊心が性格傾向に影響を受けるのに対し、自己効力感は成長したいという気持ちさえあれば、誰もが強化できます。「介護福祉士を取りたい！」という気持ちは、成長欲求そのものです。'25年度からは「パート合格」が導入されますから、たとえ一回で取れなくても受け続けてほしいと心から願います。

とはいえ、資格取得の最大の問題である、時間とお金問題をクリアするにはどうしたらいいのか？　通学や通信教育もあるけれど、仕事を休むのは難しいし、できることならお金も節約したい。そんなときに、ぜひともお勧めしたいのが、河合考案「穴あけ勉強法」です。

用意するのは参考書と、カバンに入るサイズのノートだけ。それ以外は必要ありません。寝る前に20分間、穴あけ問題を作り、通勤時間や休憩時間など空いた時間に穴あけ問題を解く。それを日々のルーティンにするだけでOKです。時間の効率化はもちろんのこと、考える力も鍛えられます。手順は次の通りです。

1．ノートの中央に縦線を引いてください。
2．参考書を声に出して読みながら、「気になる単語」に赤線を引きます。
3．中央線を引いたノートの線の右側に、その「気になる単語」を書きます。
4．左側には単語の前後の文章を簡単に要約し、答えとなる「気になる単語」の部分は空白＝穴あけにしてください。

2〜4の作業を、20分間繰り返したら、おやすみなさい。

5．翌朝、通勤電車でノートの中央線の右側を手で隠しながら、穴あけ問題を解く。休憩時間、昼食の時間、トイレ時間に、ノートを出してたった1問でもいいから解く。どこでもいつでも、空き時間にノートを取り出し、穴あけ問題を解く癖をつけてください。

穴あけ勉強法がいいのは、夜、問題を作るときは、脳みそを一切使う必要がないことです。「はて？」と、気になる単語に赤線を引き、それを書き写し、穴あけ問題を作る。勉強ではなく、筋トレだと思って、目を使って腕を動かし赤線を引き、単語を書き出し、その前後の文章を簡単に要約し、穴あけ問題を作ってください。文章で覚えようとするのは難しいけど、単語さえ覚えれば自然と知識が記憶の箱に刻まれます。仕事中に、先輩に「〇〇ってありますよね？」と言った具合に、気になる単語＝〇〇をきっかけに教えてもらうこともできます。試験合格の秘訣《ひけつ》は、ひたすら「毎日やる！」。毎晩、歯磨きをするように、穴あけ問題を作らないと気持ち悪いくらい、習慣にしてください。それが身に付くと、忙しい中での時間づくりもうまくなります。

私が「穴あけ勉強法」を始めたのは高校時代です。教科書を読んでもちっとも頭に入らないので、書いて覚えようとしたのですが、書き写すのも面倒くさい。そこで気になる単語を書き出してみたのですが、これだけでは覚えられない。「だったらクイズにしちゃえ」と、教科書の文章を要約して書き写しながら、途中で穴をあけてみました。そうして穴あけ問題を自分で作って、通学電車の中で解くというやり方をすると、それまで全く頭に入ってこなかった内容が分かるようになりました。毎日コツコツ続けられたことが勝因だと思います。

　穴あけ問題を作ったノートは、試験当日のお守りになります。「できることはやった」とノートを見て、自分の頑張りを振り返ってください。「自分はできる。精いっぱいやろう！」と自分を信じれば大丈夫です！　あなたならできます。頑張ってください。

河合式「穴あけ勉強法」を使って
毎日ちょっとずつ
勉強してください！

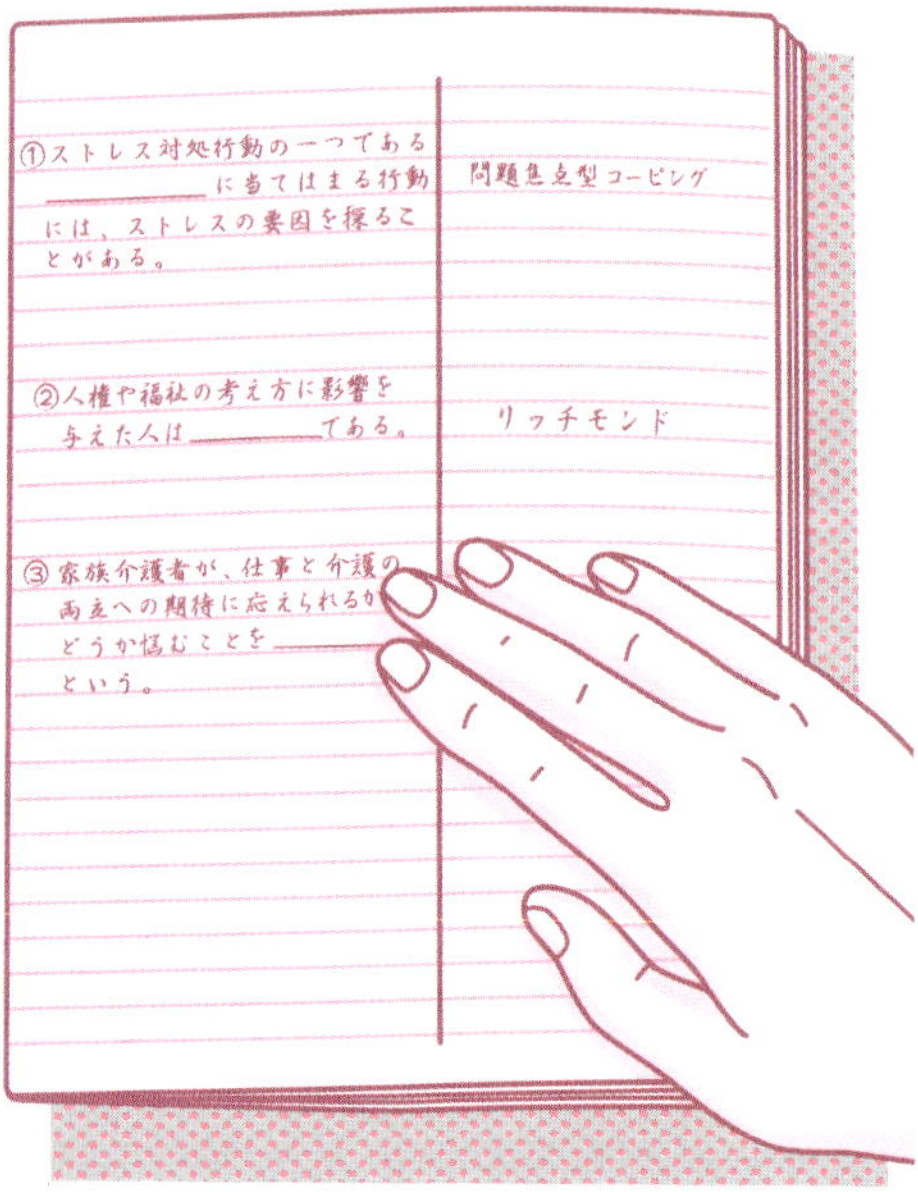

子供の頃から苦手な試験に対し、緊張せず平常心で臨む方法を教えてください

緊張する原因を探し出し、対応策を考えるのがベスト

私は昔から試験に強かった。試験前日に胃がキリキリ痛んだり、学校で具合が悪くなったり、ベッドでも胸がドキドキして眠れなかったりしたことはありましたが、当日の朝目覚めると「よっし！　やるしかない」と開き直りました。決め手は「勝負パンツ」です！（笑）　オレンジのパンツをバシッとはいて、グググ〜ッと一気に健康ドリンクを飲み干し、「大丈夫！　できることは全てやった」と自分を励ますと、エネルギーが湧いたのです。

とはいえ、最初からこうだったわけではありません。

実は私、見掛けによらずかなりの〝緊張しい〟。ドキドキしてしまって、心臓が飛び出しそうになる場面にしばしば遭遇しました。練習ではできていたことができなくなったり、手が震えてしまって、答えをうまく書けなくなったり、散々でした。

そこで自分が緊張する原因を突き止め、「開き直るルーティン」を作り実行したところ、〝試験当日バリバリ女王〟に大変身したのです。

今回の相談者の桜田さん(仮名)もヘビー級の〝緊張しい〟。介護福祉士試験合格を目指す20代の介護職員さんです。

「子供の頃から試験が苦手で、問題用紙を配られただけで、頭が真っ白になってしまいます。どうしたら平常心でいられるでしょうか。試験直前の効果的な勉強方法も併せて教えてください」

前述した通り「緊張する原因」を探し出し、その対応策を考えればいいのですが、その前に「なぜ、人は緊張するのか？」をお話しします。

緊張は人類が生き残るために、体内にプログラムされた大事な体の反応だとされています。人間は敵に遭遇すると、そこで戦うか、全力で逃げるかの二者択一を迫られます。どちらを選ぶにしても、体の力をマックスな状態にする必要があるので、わざと体温を上げ、筋肉を硬直させたり、心拍数を上げたりして、体に「動け！」と命令するのです。

ここで「怖い！」と恐怖心を抱いたり、「失敗したらどうしよう」と不安を覚えると、体が固まってしまいます。そこで「緊張する原因」を探し出す、です。

なぜ、試験が苦手なのか？　なぜ、頭が真っ白になってしまうのか？を徹底的に考えてみましょう。原因が分かれば、悪い緊張を良い緊張に変え、体力気力マックス状態で、試験＝敵との勝負に挑めます。

しかし原因を探るにはちょっと時間がかかると思うので、まずは万人に共通する緊張の原因から攻めてみましょう。

手順は以下の通りです。

1．ノートを一冊準備して、表紙に「緊張撃退！」と大きく書いてください。

2．試験会場までの行き方、時間、万が一トラブルがあった場合の連絡先を調べ、ノートに書く。

3．試験前日から当日試験会場に着くまでのスケジュールを細かく書く。

起床時刻、食事の時間・場所（食べ物・飲み物含む）、お風呂の時間、寝る時間。もちろん、勉強の振り返り時間も確保してください。勝負パンツや勝負服などの、験担ぎも忘れずに。

4．裏表紙に「大丈夫！　これだけやった！」と大きく書きましょう。

そして、最後の見開きページを開いて、次のことをやってください。

5．見開きページに、ノートを用意した日付を書き、毎日10分間、「出る可能性が高いポイント」と「なかなか覚えられなかった単語と意味」を、箇条書きにして書き出しましょう。

次の日からも、1日見開き1ページを使って、同様の作業を繰り返してください。とにかく試験1週間前まで毎日書き続けてください。ただし、書き過ぎは禁物なので、パッと見て頭に入る量に収めてください。それを続けていると、おのずと「なぜ、試験が苦手なのか？　なぜ、頭が真っ白になってしまうのか？」といった桜田さんの「緊張する原因」が見えてくることもあります。原因は一つではないかもしれないので、思い付くままに書き出して、対策も考えてみてください。

6．試験1週間前になったら、ノートの裏表紙から1ページずつ復習します。気が付いたことがあったら、赤ペンで書き込んでください。全てのページの復習が終わったら、表紙に戻って、試験会場・連絡先の復習、試験前日から当日までのスケジュールの確認をして、試験当日の自分を頭の中でイメージしてください。

試験当日は、「緊張撃退！」ノートを持参すれば、試験＝敵と戦う武器になります。そして、試験官の指示が出るまでは目を閉じ、ノートに手を置き大きく深呼吸。「できることは全てやった」と何度も自分に言い聞かせ、大丈夫と自己暗示をかけてください。私は準備不足だと緊張することが分かったので、本書でも紹介している「穴あけ勉強法」のノートをお守り代わりにカバンに潜ませて試験会場に向かいました。

さぁ、頑張って！　やるしかない！と開き直ってくださいね。

お守りノートで「できることは全てやった」と自己暗示をかけてください

行動の老施協

特別会談その3

公益社団法人として現場の負担を減らす国への働きかけを

会談のお相手

公益社団法人
全国老人福祉施設協議会会長
大山知子氏

全国の老人福祉施設からの意見をまとめて、厚生労働省など関係省庁に働きかけるのが公益社団法人全国老人福祉施設協議会(全国老施協)。

その会長である大山知子氏と全国老施協の働きについて語り合う!

社会福祉法人理事長としての現場のリアルな声や、介護現場の問題点、働く人々の悩み、働く意義や使命について語ってもらった。

撮影/山田芳朗　取材・文/玉置晴子

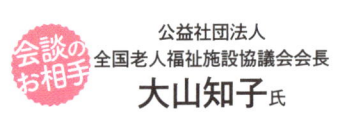

介護職員と利用者が支え合っていくのが理想

河合●改めて全国老施協について教えてください。

大山●現場を支え、現場の声に耳を傾け、制度・政策として実現させていくことを使命に、全国の高齢者福祉や介護をリードしてきた公益法人です。各施設が地元の行政にいろいろ働きかけをされると思いますが、私たちは厚生労働省や関係省庁に対して国として問題解決に動いてもらうように交渉しています。

大山知子
（おおやま・ともこ）

Profile●全国老人福祉施設協議会会長、社会福祉法人蓬愛会理事長。多世代や外国人の職員らも活躍できる施設づくりをサポートしている

河合●介護報酬改定のときなどは、現場の声を伝えていますね。

大山●現場がどれだけ大変なのか、どういう状態で運営されているのかを伝えていくのが全国老施協の役割だと思っています。

河合●介護職は他と比べて低賃金と注目されていますが、介護職自体、社会でどのように見られていると感じていますか？

大山●'87年に社会福祉士・介護福祉士の国家資格制度が成立したときは希望者が増えたのですが、少子化による人口減少により重労働で給料が安いというイメージが浸透してしまっていると思います。ただ近年は少しずつですが給料も上がり、社会に不可欠な仕事だと理解してもらっていると感じています。

河合●誰もが老いるので必要なのに、実際に冷たい雨に降られないとその大変さを理解しようとしないというのが、介護の一番の問題ですよね。私自身も親の介護をして、初めて介護職員さんらプロフェッショナルな人たちの大切さが身に染みました。全国老施協としては、そのような人たちにどのような働きかけをされていますか？　特にメンタル面で疲れて離職する、という話をよく聞くのですが…。

大山●介護、医師、保育士は同じヒューマンサービスですが、利用者1人にかかる時間がかなり異なります。例えば医師だと入院している期間や治療する10分程度を数カ月ほど、保育士でも長くても6年ほどですが、介護職はみとりまでの一人の人生を、共に生活して支援していきます。それはいつ終わるかも分からない上、喜怒哀楽が非常に詰まっているので感情コントロールも難しいんですよ。そして働いているメンバーに大きな変化がないのも問題です。50人いれば50人の人生を自分のことのように経験できる、こんなに面白い仕事は他ではないですから。そこに気付いていただけるとうれしいです。

河合●特に若い介護職員さんですが、理想と現実の差も離職の原因になっている気もします。

大山●燃え尽き症候群の方も多いです。いい人でいなきゃいけない、求められていることに即座に応えなきゃいけないと感じていて…。そこはヒューマンサービスなので、頑張り過ぎず、自分の状況を利用者の方に伝えて支え合っていくのが理想です。

河合●40、50代は自分の親の介護で介護業界を垣間見て、もっと知りたい、お手伝いしたいと思っている人も多いです。

50人いれば50人の人生を自分のことのように経験できる仕事

大山●この業界の面白いのは、70、80代の方たちも活躍しているところです。もちろん直接介護する人たちは介護福祉士の資格を持っている中堅どころですが、後方支援として間接的ですがお願いできる仕事がたくさんあるんですよ。そういった地域に埋もれている人材を発掘して、みんなで高齢者を支えていくことができたらと思います。

河合●近年、介護ロボットなどICTが介護現場でも導入され、現場のフィジカル面に変化がある気がするのですが。

大山●介護報酬の加算にも生産性という項目が入ってきたので、意識は非常に高くなりました。

河合●やはりICT化は現場の手助けになりますか？

大山●全国老施協は先んじてICTのモデル事業を行っているのですが、中でもベッドの下に敷いて睡眠時の血圧や熱といった状態をリアルタイムで確認できるなど見守り支援システムの導入は、かなり効果的でした。眠りのサイクルや転倒防止、徘《はい》徊《かい》などが分かるので、夜勤の人の精神的な負担や部屋の確認の回数を半減できています。この辺りがきっと現場に寄り添ったロボット導入かと思います。あと、海外出身の介護職が増えたこともあり、記録のICT化は必須で、これにより労働時間が

週あたり3時間50分も短縮しました。

河合●素晴らしいですね。どの施設にも入れていただきたいと思っちゃいますが…。

大山●コストが結構かかるんですよ。施設の6割は赤字なので補助金がないと導入できないのが現実です。なので私どもが国に働きかけて、現場の負担を少しでも減らせるように動いています。とはいえロボットを導入したからといって、雇用を1人減らせるわけではありません。導入することにより職員数の不安解消の方が大きな目的になっています。

多様化する現場に知恵で対応マネジメントできる施設長を

河合●人材という意味では、海外出身の方を雇用するのも介護業界の大きな課題だと思います。

施設長は、福祉に対する熱意と熱量をどれだけ継続できるかが大切

大山●私が理事長をしている施設にはスリランカの方がいます。最初は少し心配したのですが、今では大人気です。理由を聞くとみんな口をそろえて「優しい」って言うんですよ。ただ文化の違いはあって、特に衛生管理では日本人ほど神経質な人はそう見かけないので大変です。徹底的な育成が必要になってきます。

河合●具体的にどのようなことをされているのですか？

大山●見えるところにピクトグ

ラムと文字を使って注意喚起をしています。これに関しては徹底して知恵と工夫が大事です。

河合●施設職員の男女比はいかがですか？　昔は施設長は男性、現場は女性のイメージでしたが。

大山●施設長はいまだに男性が多いです。施設長は経理や人事、労務まで網羅していないといけないため、現場だけができてもダメなのが難しいところです。

河合●個人的には、施設長さんは現場のたたき上げである必要はないと思っていて。現場に歩み寄る気持ちがありながらマネジメントできる人がベストかと。トップによって働き方も変わりますし、ひいては利用者さんと介護職員さんの関係も変わってくる。なかなか難しいですね。

大山●大事なのは、福祉に対する熱意と熱量をどれだけ継続できるのかだと思います。

河合●熱意は本当に大事。風通しのいい現場は、施設長を含め職員の方々がつくるはずなので。

大山●どんなにＩＣＴが導入されて、縦割りでスリム化されてもやはり人間の仕事場なので、人間関係が一番大切です。

河合●全国老施協さんは、施設の壁を越えた横のコミュニケーションを取られていますか？

大山●現場で感じたことを自由に投稿し意見交換ができるアプリ「老施協．ｃｏｍ」があります。ここでは無記名で自由にやりとりをしたり、アンケートを行ったりしています。

河合●その存在は大きいですね。みんな同じことを悩んでいると感じることは、すごく大事だっ

家にいるときと同じ気持ちで過ごしてもらえる施設をつくる

を説明することが管理者としての大きな仕事です。そして基本、お風呂は夜に入ってもらっています。家にいるときと同じ気持ちを施設でも味わっていただくのが大事だと思います。

河合●利用者にとっては家ですからね。ご飯も選べてお風呂に入れて、話し相手もいる…。一人で家にいるよりも、ルーティンが担保されるって本当にすごいことだと思います。

大山●能登半島地震が起きて改めて組織の在り方を考えさせられました。頑丈に造られていることもあり地震発生後も福祉施設を運営していくことができましたが、いち早く災害対策本部を立ち上げ、今後の組織運営について話し合いました。ただ、入居者やスタッフにも被災された方がいたりするので。介護に関わる方にとって心強いと思います。

組織力の強さを生かした人の尊厳を大切にする介護

河合●今後の介護業界において、「自分の足で立ち、オムツをしない」といういわゆる人の尊厳を守りながら介護をすることが大切だと考えているのですが。

大山●最後まで人としてありたいという願望をお持ちの方が多いことを、私たちは常に考えないといけないと思っています。その人のこれまでの生き方を含めて、知恵を振り絞ってケアマネジメントをすべきです。私の管理する施設は、食事を3食とも和洋中の定食にしていて、選べるようにしています。それは、人生で1日3回も喜べるものは食事しかないという考え方からです。ちなみにスタッフには、喜んでもらえる仕事であることを伝え、プライドを持って仕事に臨んでもらっています。それ設は動いていたんですよ。もちろん被災された職員も多いですが、外国人の方が率先して頑張って下さったり、災害派遣福祉チームの全国老施協DWATにより他の地方の職員が応援派遣されて業務に就いたりと、力を合わせて施設を運営していく。組織の力をまざまざと見せつけられた気がしました。

河合●組織に所属することがリスクマネジメントになっているんですね。最後に介護業界で働いている方、興味がある方へのメッセージをお願いします。

大山●ICTが導入されるなど近代化され、地域との交流も盛んになってきて、どんどん介護だけではなく総合的な役割を担う場面も多くなっています。トータル的な仕事をせざるを得なくなっていると思います。河合さんがエッセーで「いい仕事をするためにも、いい人生にするためにも、ミッションは必要」と書かれていたように、この施設で働くミッションとは何なのかを考えて働いていきましょう。私は、こんなに豊かで、返ってくるものがあって、心が動かされる面白い仕事は他にはないと思います。

「福祉への熱意と熱量の継続」という言葉が心に染みます。介護現場は「人」が生きる場所と痛感しました。

おわりに

最後に皆さんにどうしてもお伝えしたいことが一つあります。

働くことで豊かな人生を手に入れるために、人が持つ「仕事」「家庭」「健康」の3つの幸せのボールを決して落とすことなく、ジャグリングのように回し続けてほしいのです。どんなに「仕事」にやりがいを感じても、「家庭＝大切な人」を忘れないでください。どんなに「仕事」が忙しくても、「健康」をむしばむような働き方をしないでください。

そして、もし、あなたが育児や親の介護などで「家庭」のボールを高く上げなくてはならないとき、もし、あなたが病に襲われ、「健康」のボールを高く上げなくてはならないとき、どうか働くことを諦めないでください。

働くことは他者とつながることであり、人の可能性を無限に広げる最良の手段です。幸い介護の現場は、正社員、非正規、パート、夜勤、日勤など、年齢や性別に関係なくさまざまな働き方ができます。あなたの「家庭」と「健康」のボールと同じように「仕事」のボールも大切にして、豊かな人生を歩んでください。

もう一つだけお伝えしたいことを思い出しました。本当に、本当にこれが最後です。

どうか愛をケチらないでください。

サルやゴリラにも子供を慈しむ感情はありますが、人だけが名も知らない人の幸せを願い、誰かが幸せになっただけで自分のことのように喜べます。つまり、愛は人間の本性です。

たった一言「ありがとう」「ごめんなさい」「お先にどうぞ」と声を掛けるだけでもいい。職場の半径3メートル世界だけじゃなく、街で、電車で、スーパーで、マンションで、おじいちゃん・おばあちゃんを見掛けたら、「大丈夫かな」「助けはいらないかな」と立ち止まり、「お手伝いしましょうか」と声を掛ける勇気も持ってほしいのです。助けられて、助けて、愛が回っていけば、ほんのちょっとだけ優しい社会になると思うのです。

介護の現場は、まさにその最前線です。この本もたくさんの愛をケチらない人たちのおかげで出来上がりました。

この場を借りて心からお礼を申し上げます。本当に、ありがとうございました！

河合 薫

みんなの気持ち

高齢者とその家族、介護職が寄り添うために考えよう！

2024年11月11日　初版発行

著者／河合薫

構成／石黒智樹
編集協力／一銀海生
装丁・デザイン／花嶋みどり
イラスト／佐藤加奈子
校正／アドリブ

発行者／山下直久
発行／株式会社KADOKAWA
〒102-8177　東京都千代田区富士見2-13-3
電話 0570-002-301（ナビダイヤル）

印刷・製本／大日本印刷株式会社

お問い合わせ
https://www.kadokawa.co.jp/
（「お問い合わせ」へお進みください）
※内容によっては、お答えできない場合があります。
※サポートは日本国内のみとさせていただきます。
※Japanese text only

ISBN 978-4-04-738187-2　C0036
Printed in Japan
定価はカバーに表示してあります。